岗位技能培训手册系列

互联网营销人员岗位培训手册

弗布克培训运营中心 编著

化学工业出版社

·北京·

内容简介

《互联网营销人员岗位培训手册》是一本"拿来即用"的培训手册。"拿来即学""拿来即参""拿来即改""拿来即做"是本书的特色。简洁精练的语言与新颖翔实的内容是本书的核心,掌握技能与解决问题是本书的目标,让互联网营销人员对营销工作由入门到精通是本书的主旨。

本书通过制度、方案、规范、办法、报告、程序、标准,将互联网营销工作逐一细化,涵盖了产品信息管理、样品分析与产品选择、直播运营管理、视频创作与推广、技术支持与互动管理、售后与复盘、团队建设与管理、培训与指导、营销风险评估与应对等互联网营销的全新内容,让互联网营销人员一学就会、一做就对。

本书适合互联网营销从业人员、互联网营销培训人员、互联网营销相关专业学生和教师阅读和使用。

图书在版编目(CIP)数据

互联网营销人员岗位培训手册/弗布克培训运营中心编著.—北京:化学工业出版社,2023.4
(岗位技能培训手册系列)
ISBN 978-7-122-42986-5

Ⅰ.①互… Ⅱ.①弗… Ⅲ.①网络营销-岗位培训-技术手册 Ⅳ.①F713.365.2-62

中国国家版本馆CIP数据核字(2023)第033158号

责任编辑:王淑燕
文字编辑:尉迟梦迪
责任校对:宋 玮
装帧设计:史利平

出版发行:化学工业出版社
　　　　　(北京市东城区青年湖南街13号　邮政编码100011)
印　　装:大厂聚鑫印刷有限责任公司
710mm×1000mm 1/16 印张11¼ 字数201千字
2023年8月北京第1版第1次印刷

购书咨询:010-64518888
售后服务:010-64518899
网　　址:http://www.cip.com.cn

凡购买本书,如有缺损质量问题,本社销售中心负责调换。

定　　价:69.00元　　　　　　　　　　　　　　　版权所有　违者必究

前言

"十四五"时期,中国大力实施"技能中国行动",健全技能人才培养、使用、评价、激励制度,健全"技能中国"政策制度体系和实施"技能提升""技能强企""技能激励""技能合作"四大行动。

技能是立业之本。在"技能提升"和"技能强企"行动中,每个企业的每个岗位人员,都需要不断强化岗位技能,提升工作能力,为企业创造价值贡献力量。为此,基于岗位,立足业务,面向管理,我们推出了"岗位技能培训手册系列"图书。

本书从工作程序、工作事项描述、工作细化执行三个层面,运用制度、方案、规范、办法、报告、程序、标准等多种形式,对互联网营销的各项工作,包括产品信息管理、样品分析与产品选择、直播运营管理、视频创作与推广、技术支持与互动管理、售后与复盘、团队建设与管理、培训与指导、营销风险评估与应对共计9大项工作内容进行了详述。

本书具有如下特点:

1. 为互联网营销工作提供思路

本书通过程序、步骤的形式对互联网营销工作进行展示,明确互联网营销工作的操作程序、关键事项与工作方法,既给出了互联网营销工作的思路,也方便读者根据公司的实际情况,参考、参照、借鉴,并制定本公司的互联网营销工作的程序、步骤。

2. 为互联网营销工作规范事项

本书通过制度、规范、方案、办法等形式规范了互联网营销工作的事项,帮助读者解决公司内部管理不规范、营销效率低下、人员执行效率低等问题,解决互联网营销工作中出现的问题,推进互联网营销业务的规范化管理。

3. 为互联网营销工作设计模板

本书给出了互联网营销工作的诸多工具和模板，帮助读者设计出符合公司实际需要、适合公司发展的管理工具，读者可以在相关内容上直接修改，改了即用，这不仅节省了工作时间，提高了工作效率，还规范了互联网营销工作。

本书的电子课件可免费提供给采用本书作为培训教材的教师使用，如有需要请联系：357396103@qq.com，欢迎广大读者提出宝贵意见，以供我们改正。

弗布克培训运营中心
2022 年 10 月

目录

第 1 章 产品信息管理　　001

1.1 市场调研 // 002
    1.1.1 收集汇总产品信息 // 002
    1.1.2 进行用户及竞品调研 // 003
    1.1.3 撰写产品市场调研报告 // 004

1.2 信息分析 // 007
    1.2.1 做好信息分类及比对 // 007
    1.2.2 进行产品价格分析 // 008

1.3 系统管理 // 009
    1.3.1 整理产品销售数据 // 009
    1.3.2 维护供应商管理系统 // 009
    1.3.3 维护产品价格跟踪系统 // 010

第 2 章 样品分析与产品选择　　011

2.1 搜集样品 // 012
    2.1.1 制定样品搜集标准 // 012
    2.1.2 掌握样品选择的方法 // 013
    2.1.3 跟踪和查询样品寄送进度 // 014
    2.1.4 记录样品到达状态 // 015
    2.1.5 进行样品分类管理 // 016

2.2 试用与分析样品 // 016
    2.2.1 制订试用计划 // 016
    2.2.2 试用样品 // 019
    2.2.3 分析样品 // 020

2.3 分析卖点 // 021
    2.3.1 汇总产品的优缺点 // 021
    2.3.2 编写产品介绍说明书 // 021
    2.3.3 定位营销卖点 // 022

2.4 商谈合作 // 023
    2.4.1 商议产品的报价 // 023
    2.4.2 确定合作方式 // 025
    2.4.3 制定产品营销方案 // 025
    2.4.4 签订合作协议 // 027

2.5 产品全面分析 // 030
    2.5.1 进行竞品比对 // 030
    2.5.2 组织产品检验 // 031
    2.5.3 跟踪产品发展趋势 // 032
    2.5.4 分析产品转化率的变化因素 // 033
    2.5.5 预判热销产品及产品销量 // 034
    2.5.6 建立产品信息数据库 // 035

2.6 选品规划与执行 // 035
    2.6.1 制定选品方案 // 035
    2.6.2 选品规划执行与监控 // 037
    2.6.3 建立自有供应链渠道 // 039
    2.6.4 继续寻找新产品 // 040

第3章 直播运营管理　　042

3.1 直播策划 // 043
    3.1.1 策划的目标和内容 // 043
    3.1.2 收集和汇总产品营销信息 // 044
    3.1.3 掌握营销效果的评估方法 // 045
    3.1.4 制定主题直播间搭建方案 // 046
    3.1.5 制定个人品牌塑造方案 // 048
    3.1.6 制订多媒介传播计划 // 050

3.2 直播目标规划 // 053
    3.2.1 设定直播销售周期目标 // 053
    3.2.2 建立直播销售规范程序 // 054

  3.2.3　制定直播用户管理方案 // 055
  3.2.4　制订提升用户购买率计划 // 057

 3.3　直播宣传 // 059
  3.3.1　建立第三方宣传供应商资源库 // 059
  3.3.2　搜集产品图文素材 // 060
  3.3.3　制定产品专属宣传素材 // 061
  3.3.4　多渠道进行宣传预热 // 061
  3.3.5　选择合适的宣传方式 // 062
  3.3.6　制定宣传数据监控方案 // 063

 3.4　直播预演 // 065
  3.4.1　编写直播脚本 // 065
  3.4.2　制定直播彩排方案 // 069
  3.4.3　直播流程测试 // 071
  3.4.4　组织团队直播预演 // 072
  3.4.5　调整直播方案 // 072

 3.5　直播销售 // 073
  3.5.1　展示销售产品 // 073
  3.5.2　介绍销售产品 // 073
  3.5.3　介绍平台优惠及产品折扣信息 // 075
  3.5.4　引导用户下单 // 076
  3.5.5　调动直播间气氛 // 077
  3.5.6　实时调整直播策略 // 080

第 4 章　视频创作与推广　　081

 4.1　视频创作 // 082
  4.1.1　进行视频创作设计 // 082
  4.1.2　提炼产品关键词 // 083
  4.1.3　设计视频创意方案 // 083
  4.1.4　制定拍摄方案 // 084
  4.1.5　设备选择与使用 // 087
  4.1.6　拍摄素材分类 // 088
  4.1.7　剪辑并导出素材 // 089
  4.1.8　进行素材包装 // 089

4.2 视频推广 // 090
    4.2.1 发布视频 // 090
    4.2.2 推广视频 // 091

第 5 章　技术支持与互动管理　　093

5.1 技术支持 // 094
    5.1.1 准备设备、软件和材料 // 094
    5.1.2 测试网络环境及设备 // 095
    5.1.3 设置产品链接 // 096
    5.1.4 上传产品素材 // 097
    5.1.5 配置直播间功能 // 097
    5.1.6 制作互动特效 // 098
    5.1.7 查看动态网络舆论监控数据 // 099
    5.1.8 提供产品实时数据 // 099

5.2 互动管理 // 100
    5.2.1 制定互动管理办法 // 100
    5.2.2 建立互动常见问题库 // 102
    5.2.3 用户沟通管理 // 103
    5.2.4 后台评论管理 // 104

第 6 章　售后与复盘　　107

6.1 售后 // 108
    6.1.1 售后标准工作程序 // 108
    6.1.2 熟练运用智能交互系统的方式 // 109
    6.1.3 查询产品的发货进度 // 109
    6.1.4 处理用户反馈的问题 // 110
    6.1.5 分析和汇总异常数据 // 112
    6.1.6 撰写售后服务工作报告 // 113

6.2 复盘 // 116
    6.2.1 设计数据采集操作程序 // 116
    6.2.2 制定数据维度和分析标准 // 116
    6.2.3 采集营销数据 // 118
    6.2.4 统计营销数据 // 119

6.2.5 复核售前预测数据 // 120
6.2.6 人货场盘点 // 120
6.2.7 优化营销方案 // 121

第 7 章　团队建设与管理　　　　　123

7.1 团队架构设计 // 124
7.1.1 搭建团队架构 // 124
7.1.2 调整团队分工 // 126
7.1.3 制定团队考核标准 // 127
7.1.4 掌握跨部门协作沟通技巧 // 133

7.2 团队文化建设 // 135
7.2.1 建立员工评价体系 // 135
7.2.2 建立员工相互评价机制 // 138
7.2.3 建立团队文化理念 // 140
7.2.4 制定团队管理规范 // 141

第 8 章　培训与指导　　　　　146

8.1 培训 // 147
8.1.1 掌握培训考评体系的建立方法 // 147
8.1.2 选择培训教学与组织技巧 // 148
8.1.3 制订培训计划 // 149
8.1.4 编写培训讲义 // 150

8.2 指导 // 152
8.2.1 制定培训指导规范 // 152
8.2.2 选择专业技能指导方法 // 155
8.2.3 掌握培训效果评估方法 // 156

第 9 章　营销风险评估与应对　　　　　158

9.1 营销风险评估 // 159
9.1.1 了解常见的营销风险 // 159
9.1.2 掌握营销风险识别方法 // 160
9.1.3 掌握营销风险分析方法 // 160

9.1.4 掌握营销风险评价方法 // 161
9.2 营销风险应对 // 162
9.2.1 选择营销风险应对措施 // 162
9.2.2 制订并执行营销风险应对计划 // 163
9.2.3 制定风险管理奖惩制度 // 165
9.2.4 掌握风险防控方案的评估方法 // 167

参考文献 　　　　　　　　　　　　　　　　**169**

第1章 产品信息管理

1.1 市场调研

1.1.1 收集汇总产品信息

互联网营销人员收集整理产品信息时,重点收集产品销售信息与产品溯源信息。销售信息可以为产品选品与制订营销计划提供策略,溯源信息可以保证产品质量安全。

(1)销售信息

① 销售信息收集。互联网营销人员收集汇总销售信息时,收集平台要全,收集渠道要广,收集数据要准。销售信息主要收集内容为各平台与各渠道的营销策略、销售单价、销售数量、销售金额等。收集到的信息主要来源于电商平台、短视频平台和搜索引擎。

② 销售信息汇总。信息收集完成后可将其汇总到表格内,使得效果更加直观。下面以×产品为例,作销售数据汇总表,具体内容如表1-1所示。

表1-1 ×产品销售数据汇总表

项目		A平台	B平台	……	汇总
营销策略					
销售单价					
销售数量	平均月度				
	平均季度				
	年度				
销售金额	平均月度				
	平均季度				
	年度				

(2)溯源信息

① 溯源信息收集。产品溯源信息包括原材料信息、生产信息、质量信息和物流信息。互联网营销人员收集信息时可分辨产品自身或产品包装是否携带溯源信息码。若携带可直接扫码收集;若不携带,可进行市场调研。

② 溯源信息汇总。互联网营销人员收集信息并进行分类整理，最终可将溯源信息汇总至表格内，产品溯源信息汇总表如表 1-2 所示。

表 1-2 产品溯源信息汇总表

溯源类别	具体分类	X 产品	Y 产品	……
原材料信息	原材料批次			
	原材料供应商			
生产信息	产地			
	生产厂家			
	生产负责人			
	生产日期			
	包装日期			
	包装负责人			
质量信息	质量检测批次			
	质量检测项目			
	质量检验负责人			
	产品合格证批号			
物流信息	运输渠道			
	运输人员			
	中转站			
	仓储地点			

1.1.2 进行用户及竞品调研

互联网营销人员对收集到的产品信息进行分类汇总后，可选定意向产品实施市场调研。进行市场调研时，可根据调研难易程度，采用自主调研或第三方调研机构调研两种方式。

市场调研的主要调研对象为用户和竞品，用户调研可以获得产品服务信息，竞品调研可以为产品改革与营销策略提供新思路。

（1）用户调研

进行产品用户调研是为了获得产品满意度、产品占有率、产品用户群特点等信息。互联网营销人员可采取如表1-3所示方法展开用户调研。

表1-3 用户调研方法

调研方法	具体说明
问卷调查法	互联网营销人员可制作产品调查问卷，进行线上问卷调查，了解消费者对产品的了解程度、期望效果、期望价格，了解产品购买率与产品满意度等信息
评论收集法	互联网营销人员收集线上店铺的产品评论，了解产品店铺评论量、评分、好评率、差评率等信息
报告分析法	收集平台发布的数据报告，分析其中用户分类、用户特点等信息

（2）竞品调研

进行产品竞品调研是为了确定意向产品的市场竞争力与优缺点，竞品调研按照以下内容展开。

① 竞品选择。互联网营销人员选定竞品时，主要考虑三个方面的竞品，即直接竞品、间接竞品和潜在竞品，竞品调研时三方面都需涉及。选定竞品时尽量选择品牌知名度高、近一段时间内销量高的产品。

② 竞品调研方法。竞品调研时可选用问卷调查、竞品试用、数据报告分析、竞品官网数据分析等方法展开调研，尽量选择组合调研方式，使得调研信息更加真实全面。

③ 竞品调研内容。实施竞品调研时，主要调研竞品价格、规格、功效、营销方式、营销渠道、供应商等信息，信息调研完成后可与意向产品进行对比，分析其竞争力。

1.1.3 撰写产品市场调研报告

市场调研结束后，需撰写市场调研报告为相关部门与相关人员的后续工作提供参考依据。

互联网营销人员若采用第三方调研机构或调研软件调研，可直接得到其出具的调研报告，检查无误后直接应用。若采用自主调研，则需要互联网营销人员将调研到的信息分类、汇总、整理、分析，撰写调研报告。

下面以意向产品A洗面奶为例，撰写市场调研报告。

报告名称	A 洗面奶市场调研报告	编　　号	
		受控状态	

一、调研目的

通过此次市场调研，公司可以确定此款洗面奶的行业发展现状、市场占有率、市场价格区间、受众群体等。通过对调研信息进行深入研究，可以确定此阶段此款产品与此阶段直播营销适应度。

二、调研的时间与方法

1. 本次调研的时间自××××年××月××日至××××年××月××日。

2. 本次调研采用问卷调查法、数据分析法、用户体验调查法等多种调研方法相结合的方式开展。

三、调研的人员安排

公司为本次调查成立专门的调研组，具体负责人员和操作责任如下所示。

1. 调研组组长。

负责整个市场调研执行过程的统筹管理和实施安排，并对市场调研过程进行整体把控和执行协调。

2. 调研组副组长。

负责市场调研过程中的具体执行安排和管理协调，在市场调研执行的过程中对执行和具体操作进行督导，并负责与相关部门进行对接协调。

3. 调研组人员。

负责具体执行调研过程中的各项细节工作和研究分析工作。

四、调研方式与内容

（一）调研方式

1. 线上调研。

2. 线下调研。

（二）调研内容

1. 产品市场状况。

（1）A 洗面奶的主要受众群体分布与市场评价。

（2）A 洗面奶的市场价格区间。

（3）洗面奶产品的互联网营销策略。

（4）A 洗面奶近五年互联网销售额与销售排名。

（5）近五年洗面奶产品在互联网行业的销售发展现状。

2. 竞品调研。

竞品的营销价格、营销手段、产品功能、产品更新换代情况与消费者满意度等。

五、调研结果分析

（一）产品受众群体与市场评价

1. A 洗面奶受众群体分析。

此款洗面奶受众群体中女性占比为____%、男性占比为____%。

其中女性 15～20 岁占比为____%、21～35 岁占比为____%、36～45 岁占比为____%。

其中男性 15～20 岁占比为____%、21～35 岁占比为____%、36～45 岁占比为____%。

2.市场评价。

通过对此次市场调研结果的统计,A 洗面奶市场评分为____分,市场排名第____位,消费者满意度为____%。

(二)A 洗面奶的市场价格

1.官方指导价。

A 洗面奶官方指导价为____元。

2.线下店铺价格区间。

A 洗面奶线下店铺售价在____元～____元之间,其中众数为____元。

3.线上销售价格区间。

A 洗面奶线上售价在____元～____元之间,其中众数为____元。

(三)互联网营销策略

A 洗面奶的营销策略主要有以下三种。

1.请明星代言或在自己的宣传渠道推广。

2.请知名主播进行产品营销与直播间售卖。

3.在短视频平台、社群平台推广引流。

其中第__种策略营销效果最好,引流最多,成交量最高。

(四)A 洗面奶销售额分析

1.A 洗面奶近五年线上销售额为____,A 洗面奶近五年线下销售额为____。

2.A 洗面奶去年四个季度销售额分别为____,其中第____季度销售最好。截至目前,前____季度销售额分别为____,较去年增长/下降____。

3.A 洗面奶去年平均月销售额为____,销售额最高月份为____月。截至目前,前____月平均销售额为____,较去年增长/下降____。

(五)洗面奶行业线上销售现状

线上营销行业近五年市场份额增加/降低____,洗面奶销售额在互联网销售行业总占比为____%,互联网营销排名前十的产品分别为____。

(六)消费者行为分析

1.A 洗面奶主要用户群为____,用户特点为____,用户来源为____。

2.A 洗面奶用户满意度为____。

3.A 洗面奶用户期望价格为____,期望改善为____。

(七)竞品分析

1.主要竞品供应商为____,价格为____,销量为____。

2.主要竞品营销方式为____,营销渠道为____。

3.主要竞品用户群体为____,用户特点为____,用户来源为____。

4.主要竞品优缺点分析,优点是____,缺点是____。

(八)A 洗面奶 SWOT 分析

1.产品 SWOT 要素分析(略)。

2.产品核心竞争力分析(略)。

六、建议

通过市场调研,对 A 洗面奶和洗面奶行业的分析,发现 A 洗面奶具有产品差异性和一定市场竞争力,互联网营销人员建议选定 A 洗面奶进行售卖。

编写人员		指导人员	
主送部门		抄送部门	
报告意见			

1.2 信息分析

1.2.1 做好信息分类及比对

互联网营销人员对收集到的信息进行处理,主要分为两个步骤:一是信息分类;二是信息比对。信息分类可以使信息内容更加清晰,对比更加方便;信息比对可以明确产品优缺点,为确定产品提供依据。

(1)信息分类

互联网营销人员可将收集到的信息分为产品基础信息、产品生产信息、产品销售信息、产品物流信息、产品服务信息等,产品信息分类表如表 1-4 所示。

表 1-4 产品信息分类表

信息类别	具体内容
产品基础信息	产品名称、类别、颜色、规格、型号、功能、特点、质量标准、产品参数、包装设计等信息
产品生产信息	生产配料/配件/材质、年/月产量、保质期、生命周期等信息
产品销售信息	◆ 线上各互联网销售平台的产品单价、销售量、销售额、活动策略、市场占有率、月/季/年度销售额变化等信息 ◆ 线下各店铺与各分销商的产品单价、销售量、销售额、活动策略、市场占有率、月/季/年度销售额变化等信息
产品物流信息	产品运输是否方便、供应商所在地区、是否允许长时间运输、合作快递企业等信息
产品服务信息	售后服务质量、产品评价、品牌影响力、消费者满意度、退换货管理等信息

（2）信息比对

互联网营销人员将信息分类完成后，首先，要对多渠道收集到的信息进行数据比对，确定数据真实性与可参考性。其次，要对收集到的信息与其他信息比对，确定其是否具备竞争优势。针对上述整理的信息类别，需要进行以下比对。

① 产品基础信息。可与竞品比对，比对产品类别、功能、型号是否齐全，包装设计是否具有吸引力，产品质量是否高于国家标准与行业标准等。

② 产品生产信息。可与市场需求信息比对，比对产量是否达到需求标准，保质期时间、生产配料/配件/材质是否满足用户需求等。

③ 产品销售信息。可比对产品自身月度、季度、年度销售数据变化；价格走势变化；也可与竞品比对，比对价格、销量排名、营销策略等。

④ 产品物流信息。可比对不同物流公司配送价格、时长、配送包装，供应商发货速度等。

⑤ 产品服务信息。可与竞品比对，比对满意度评分、售后服务质量、品牌影响力强度等。

1.2.2 进行产品价格分析

进行产品价格分析，主要是为了确定产品竞争力与产品利润率，可应用成本分析法、对比分析法、用户期望值法进行分析，在价格分析过程中，需要将三种方法相结合，展开分析。价格分析方法如表1-5所示。

表1-5 价格分析方法

价格分析方法	具体说明
成本分析法	◆ 汇总产品自身费用与营销费用，分析销售运营总成本 ◆ 成本分析法可以推算出盈亏平衡点
对比分析法	◆ 与竞品价格进行对比、分析 ◆ 与互补品价格进行对比、分析 ◆ 对比分析法可确定产品的市场竞争力
用户期望值法	◆ 分析用户期望价格、心理价位 ◆ 用户期望值法可在用户期望价格基础上，进行价格分析，为后期销售活动提供依据

1.3 系统管理

1.3.1 整理产品销售数据

互联网营销人员对调研以及分析的销售数据进行整理，可将数据存入产品销售数据系统，并进行销售数据整理。

整理系统内产品销售数据，需要整理出总览数据、单品数据与实时数据，对数据进行实时分析与维护。

（1）总览数据

此类数据可以提供业务运营情况的总体指标概览。后台管理人员需要整理的数据有成交总量、成交总额、客单价、成交人数、加购率、复购率和下单转化率等。

（2）单品数据

根据销售单品数据可以识别出不同产品销售量、销售额排名。单品数据需要整理单个产品销售数量、产品销售额、产品销售榜单、产品明细内容和支付转化率等信息。

（3）实时数据

实时数据可以做到重点指标的实时化展示，侧重指标的时效性。实时数据可以展示实时销量、销售额、实时在线人数、产品实时销量排名、在线人数峰值和销量峰值等。

1.3.2 维护供应商管理系统

维护供应商管理系统，需要对系统内供应商信息进行管理，对供应商数量、供应商信用、供应商评价等内容进行维护。

（1）供应商基本信息维护

供应商信息维护要做到新供应商信息入库，原有供应商信息更新。信息入库时应及时填写供应商基本信息、合作情况、业务信息等。可集中录入供应商信息，减少录入时间，达到供应商可查、可管、可控等。

（2）供应商审核管理

供应商的审核需要多部门的协助，对供应商的服务及供货质量等作出细致的审核。确保所采购产品满足其生产的质量和相关法规要求。

（3）供应商评价管理

后台管理人员可根据供应商评价模型对供应商数据进行综合评价，根据评价结果进行等级划分。供应商评价可以对供应商有一个非常明确的评估，规避供应链风险。

（4）供应商交易数据维护

维护供应商的交易数据，使其可以随时被拉取并被统计。解决供应商数据难以统计和汇总的问题。

（5）产品信息维护

对供应商的产品信息进行维护，增删改查，统一收录。

1.3.3 维护产品价格跟踪系统

公司可自己开发设置价格跟踪系统，也可与第三方平台合作，应用第三方系统。不论选择何种方式，产品价格跟踪系统都需要对以下功能进行维护。

（1）实现价格监控商城全覆盖

价格跟踪系统要做到监控平台全、平台收录快、全网平台全覆盖。及时增加新平台数据、维护已有平台数据。

（2）提高价格监控准确率

价格监控不仅要监控商城面价，还要包含活动后价格（优惠券、满减活动）、到手价格、图片价格等。另外监控历史价格走势。

（3）维护价格监控频率

根据公司需求匹配监控频率，灵活设定更新频次。默认设置每天更新一轮，可以根据需求调整为每小时更新一轮、每15分钟更新一轮，大促期间可设置每5分钟更新一轮、每1分钟更新一轮。

（4）实现智能数据绑定

价格监控要对全网的数据进行同款绑定，绑定的准确率直接影响比价效果。上下架、改标题、规格不一致等问题都需要具备解决方案。

（5）设置破价提醒机制

在系统内设置破价提醒，若监控价格超出设定的价格范围，设置特定渠道提醒后台管理人员。

（6）做到数据图表可视化

需要对监控和破价数据分析生成报告，以可视化图表显示，并可灵活导出。

第2章
样品分析与产品选择

2.1 搜集样品

2.1.1 制定样品搜集标准

为提升选品员的工作效率，节约公司的人力物力财力，实现规范化样品搜集，确保选品工作顺利进行，需要选品员按照样品的搜集标准展开工作。

样品搜集标准的制定需要遵循一定的程序，这样可以规范样品搜集标准，保证搜集到的样品符合公司的要求，具体内容如图 2-1 所示。

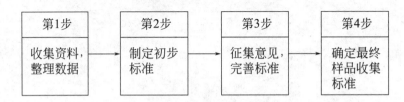

图 2-1　样品搜集标准制定程序

（1）第 1 步：收集资料，整理数据

选品员初步了解行业标准，学习借鉴。如果样品搜集标准涉及数据支撑，就先对样品进行检测，得出数据报告。

（2）第 2 步：制定初步标准

根据样品检测数据，制定初步样品搜集标准，标准不能与法律法规相抵，也不能低于行业标准。

（3）第 3 步：征集意见，完善标准

选品员向相关人员征集意见，完善初步样品搜集标准，以确保样品搜集标准的合理性、可操作性。

（4）第 4 步：确定最终样品搜集标准

反复修改之后，交由主管人员确认，得出最终版本的样品搜集标准。

样品搜集标准是选品人员开展选品工作的依据，可以从样品品类、来源渠道、性价比、市场形势等方面来制定样品搜集标准，具体内容如表 2-1 所示。

表 2-1　样品搜集标准维度表

维度	具体说明
来源渠道	选品员搜集样品时，要考虑到样品来源渠道是否正规，样品质量能否保证以及将来能否提供相应的售后服务等问题
品类	选品员在样品搜集时，要考虑到样品的多样性与全面性。市面上具有相同功能或者效果的产品，有很多不同的品牌或者种类。选品员在搜集样品时，尽可能把具有相同功能的不同产品都搜集回来
卖点	选品员在搜集样品时，要关注样品是否有独特的卖点，比如样品外观精致、质量过硬、功能齐全等
性价比	选品员在搜集样品时，还要考虑到样品的性价比。高性价比在市场上更容易赢得客户的偏爱，从而使公司抢占先机
运输	无论是供应商提供样品，还是选品员把样品拿去试用或者测评，都避免不了运输这一环节。样品要想在运输过程中保存完好，除了物流公司作出努力，选品员在搜集样品时，也要尽量考虑便于运输的样品
热度	选品员在搜集样品时，一定要紧跟市场发展趋势，迎合市场发展潮流，选择当前市场上需求量比较大的样品

2.1.2　掌握样品选择的方法

选品员除了需要掌握样品搜集标准，还需要掌握样品选择的方法。样品选择方法主要有以下 4 种。

（1）市场导向法

选品员可以根据市场发展趋势，了解市场动向，选择搜集样品。市场趋向的产品代表着客户的需求，选品员应该关注这类产品。

选品员可以借助一些第三方工具，如在分析软件上点击"每日飙升词"，就可以快速找出市场上近期的热门产品，再根据热门产品来选择样品种类。

（2）人群定位法

选品员需要根据公司主要针对的人群定位进行选品，不同的人群有不同的需求，部分人群的需求分析如表 2-2 所示。

表 2-2 人群需求分析表

主要人群	具体说明
学生	学生日常消费能力较弱,更倾向于性价比高的产品。选品员选择样品时就要考虑样品的性价比,是否会受到学生的喜爱
年轻女性	这部分人群消费能力较强,更偏向于美妆、护肤等产品。选品员在选择样品时,要考虑到样品的功效作用
中年男性	这部分人群消费能力较强,比较关注产品实用效果。选品员在选择样品时,考虑一些中年男性偏向的产品,如茶叶、文玩等
特殊偏好人群	这部分人群有自己专门的需求。比如喜爱螺蛳粉的人群,选品员在选品时就可以选择不同品牌的螺蛳粉,以及螺蛳粉的附带产品作为样品

(3) 趋势预测法

选品员根据市场情况,判断流行趋势,感知热点产品,在前期做好准备,就可以抓住机遇,为公司创造利润。

这就要求选品员有极强的市场敏锐度,能够抓住市场热点,根据实际情况进行选品。

这类产品热度升起得快,降下去也快,选品员在产品热度升起之前就要抓住机会,感知热点。如前段时间热度较高的空气炸锅就属于热点产品。

(4) 品牌效应法

选品员可以选择一些本身就具有品牌优势的产品作为样品,这是最简单的一种样品选择方法。

2.1.3 跟踪和查询样品寄送进度

选品员根据样品的选品标准,运用样品选择方法,确定好样品种类。在派送样品后,选品员需要随时跟踪物流进度,常见物流信息查询方法如表 2-3 所示。

表 2-3 常见物流信息查询方法

查询方法	具体说明
供应商官方网站查询	供应商自身拥有物流查询系统,选品员可以在供应商官方系统中查询
第三方物流公司官方网站查询	物流公司有自己的官方网站,选品员可以在物流公司的官方网站中查询
综合平台查询	选品员在各种综合平台查询,如小程序、公众号、支付平台等

选品员运用上述方法查询物流信息后，根据查询到的数据，填写样品寄送进度跟踪表，如表 2-4 所示。

表 2-4　样品寄送进度跟踪表

样品名称	物流公司	物流单号	寄送时间	发货状态	在途状态	预计到达时间
A						
B						
……						

样品在物流过程中可能会遇到各种问题，为方便选品员解决，提供部分解决方法，具体内容如表 2-5 所示。

表 2-5　样品寄送进度问题处理表

寄送进度	处理方法
在规定时间内尚未发货	与供应商及时联系，问询尚未发货原因，催促供应商及时寄送样品，避免影响工作进度
受不可抗力因素影响，物流进度慢	提前选定样品，给物流充足时间。评估第三方运输公司，指定适合运输公司寄送样品
物流信息中断或查不到物流信息	可以与供应商联系，让供应商去解决相关事宜。也可以直接与第三方物流公司联系，查询物流中断原因并解决

2.1.4　记录样品到达状态

选品员在收到样品以后，为方便后续数据查询，及时解决问题，避免与供应商产生不必要的纠纷，需要及时记录样品到达状态，主要需记录如表 2-6 所示内容。

表 2-6　样品到达状态记录表

方面	具体说明
品类	样品品类是否齐全，是否按照选品要求寄送
包装	样品包装是否完好，运输过程中是否有破损
数量	样品数量是否符合规定数量
规格	样品尺寸、参数、材质等是否与选品员所需一致
外观	样品到达时，直观、可辨的外观损坏情况

2.1.5 进行样品分类管理

选品员在完成样品记录后,对其进行分类,按照不同样品类型分别进行标识,将样品名称、规格、参数等标记清楚,要求标记字迹清晰可见,简单明了。

不同样品的管理方法不同,表 2-7 以 6 种互联网营销常见样品为例介绍具体管理方法。

表 2-7 样品分类管理表

样品分类	管理方法
食品	注意食品类型、样品保质期以及保存环境,按照食品要求的环境存储
家用电器	要注意保护电器的精密性,定期维护与保养
美妆产品	按照各个样品的具体要求摆放,存储环境要注意避光、阴凉、干燥
家具	按照用途分类放置。茶几等易碎物品贴好易碎标志,挪动时注意轻拿轻放。木质家具注意存储环境防潮、防虫
服饰鞋帽	按照服装类型分类放好,方便找寻,保存环境注意防火,湿度适宜
图书	按照图书数量、类型、价格等因素做好标记,分类放好,便于查找

2.2 试用与分析样品

2.2.1 制订试用计划

为给选品员的样品试用工作提供参考依据,节省选品员的工作时间,提升工作效率,样品试用计划的制订就需要遵循一定的程序。

遵循样品试用制定程序,就可以规范选品员样品试用工作,保证样品试用计划制订实行,具体内容如图 2-2 所示。

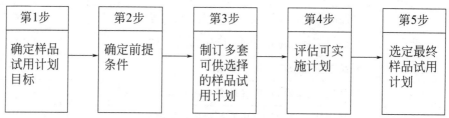

图 2-2 样品试用计划程序

（1）第1步：确定样品试用计划目标

主管人员根据收集到的样品信息，制定样品选择标准，确定样品试用目标。通过试用同一种类的不同样品，选出其中最符合标准的样品。

（2）第2步：确定前提条件

选品员在制订计划时，应考虑到计划实施的前提条件，也就是样品试用计划实施的预期环境、预期人群以及预期效果等。

（3）第3步：制订多套可供选择的样品试用计划

选品员根据样品特性，为同一种类的不同样品制订多套试用计划，作为备选。

（4）第4步：评估可实施计划

选品员对多套样品试用计划进行评估，找出每套计划的优缺点，评估可操作性以及可实施性，权衡它们的轻重优劣。

（5）第5步：选定最终样品试用计划

选品员根据人员配备、资金预算等因素，对多套样品试用计划进行评估，选出其中操作性最强的一套，作为本次样品试用的最终计划。

选品员搜集到的样品多种多样，每种样品对应的试用计划也不能一概而论，还需要具体情况具体分析，下面以防晒霜为例，制订防晒霜样品试用计划。

计划名称	防晒霜样品试用计划	编　　号	
		受控状态	

一、计划制订目的

1. 为样品试用提供具体工作计划，指导样品试用工作实施。

2. 通过试用，进一步了解不同防晒霜样品的效果，分析防晒霜样品中的成分，确定最终防晒霜的选择。

二、计划实施时间

××××年××月××日～××××年××月××日。

三、样品来源渠道

1. 公司出资购买的不同种类的防晒霜样品。

2. 供应商免费寄送的不同种类的防晒霜样品。

四、样品试用人群

1. 公司内部具有防晒需求，对防晒霜有一定了解的＿＿＿位女性。

2. 公司聘请的＿＿＿位防晒霜专业试用人员。

五、样品试用规模

本次防晒霜样品试用数量为＿＿＿瓶。

六、计划实施人员配置

1. 需配备____人对接防晒霜样品供应商,确保试用样品充足。

2. 需配备____人对接专业测评人员,跟进测评进度,关注测评报告,并将专业试用人员给出的意见归纳整理。

3. 需配备____人联系公司内部试用人员,记录防晒霜样品试用状态、不同人群对防晒霜样品的不同需求,以及公司内部试用人员对防晒霜样品的意见和建议。

七、样品试用策略

(一)公司内部人员试用

1. 选品员将防晒霜样品交给公司内部试用人员,并记录全部试用人员详细信息,如姓名、联系方式、在试用样品之前的状态等。

2. 公司内部人员试用防晒霜样品,选品员记录不同周期内,试用防晒霜样品后的状态,包括防晒霜样品试用效果、是否过敏等。

3. 选品员收集试用人员反馈信息(包括防晒霜气味、肤感、伏贴程度、防水效果等),分析整理,得出最终的防晒霜样品试用报告。

(二)专业人员试用测评

1. 选品员寻找专业人员合作试用样品,要求其在防晒霜相关领域内,有专业的知识储备、较为资深的经验等。

2. 选品员确定防晒霜样品试用周期,在试用周期内,为专业试用人员提供防晒霜样品。

3. 选品员在设定时间段,与专业试用人员保持联系,要求其提供专业的试用报告,给出详细的试用意见,并保证意见质量。

八、样品试用规划

1. 第一阶段,了解不同防晒霜样品的功效,深入挖掘客户对于防晒霜的不同需求,对不同防晒霜样品进行分析,找出每种防晒霜样品的市场定位。

2. 第二阶段,挖掘防晒霜样品的内涵。深入了解每种防晒霜样品所能达到的具体效果,包含的成分,使用的周期等。

3. 第三阶段,选定样品与试用人群。选择3~5种防晒霜样品,再根据样品数量与特性,确定试用人员的数量与选择。

4. 第四阶段,分发防晒霜样品。选品员将防晒霜样品派送给公司内部试用人员与公司对外聘请的专门试用人员。

5. 第五阶段,收集防晒霜样品试用结果。征集全部试用人员反馈意见,将其分类整理,得出防晒霜样品的优缺点。了解不同人群对于防晒霜样品的意见与建议,以及对于防晒霜期望达到的效果等。

6. 第六阶段,结果分析与样品确定。将收集到的意见以及建议进行分析整理,得到每种防晒霜样品的优劣势,将大部分试用人员都认同的防晒霜样品确定下来,作为最终试用结果。

九、补充说明					
1.选品员要对收集到的人员信息保密,绝对不能泄露个人隐私情况。					
2.样品试用工作主要由选品部负责,其他部门在必要时配合工作。					
执行部门		监督部门		编修部门	
执行责任人		监督责任人		编修责任人	

2.2.2 试用样品

选品员要制定相应的样品试用程序,作为样品试用人员遵照的依据,保证样品试用工作顺利进行,具体内容如图2-3所示。

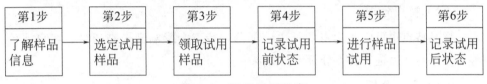

图2-3 样品试用程序

(1)第1步:了解样品信息

样品试用人员要提前了解试用样品的详细信息,包括样品种类、样品品牌、样品功效、样品成分等,做好样品试用准备。

(2)第2步:选定试用样品

样品试用人员根据自己的状态、特质以及需求等因素,在众多样品中选定一种或者几种,作为自己的试用样品,选品员把控全程。

(3)第3步:领取试用样品

样品试用人员选定样品后,向选品员说明情况,领取试用样品,确定样品试用周期。

(4)第4步:记录试用前状态

样品试用人员准备好试用工具,如试纸、仪器等,并制作表格,记录样品试用之前的自身状态,方便后续对比。

(5)第5步:进行样品试用

样品试用人员拿到样品,运用工具,在一定周期内试用样品,并且定期监测试用状态。同时要注意,在试用期间内,尽可能排除掉干扰因素,避免对最终试用结果造成影响。

（6）第 6 步：记录试用后状态

样品试用人员在试用周期结束后，记录样品试用之后的自身状态，出具试用报告，为后续样品分析提供参考依据。

2.2.3 分析样品

选品员根据样品试用人员的反馈，结合样品信息，进行对比，全面分析，得出样品的试用结论，分析方面如下所述。

（1）效果分析

样品效果分析可以从多个方面进行，比如效果达成程度、效果实现周期、效果达成程度是否足以匹配样品价格等。

（2）特点分析

样品特点也可以是卖点的其中一部分，特点会影响到未来销量、客户评价等，所以对样品进行特点分析十分必要。

（3）竞品分析

选品员可将样品与竞品分析，分析各自优缺点与发展方向。选品员可采用如表 2-8 所示竞品分析方法。

表 2-8 竞品分析方法

分析方法	具体内容
SWOT 分析法	主要分析竞品和样品各自的优势、劣势、机会和威胁
评分比较法	用评分的方式对竞品作出评价，以找出自身产品的优势和劣势。这种方法通常给出 1～5 分的区间，根据产品中的某一个方面或某个点的表现情况进行评估
YES/NO 法	通过对比产品与竞品的功能，确认各自拥有的功能，全方位、多层次了解竞品的功能分布，为自己产品的功能规范做参考
功能拆解法	功能拆解可以按菜单导航拆解、按使用流程拆解、按交互操作拆解、按版本更新记录拆解，功能拆解时要拆解充分，不要遗漏，特别是一些比较隐秘的功能
竞品画布	竞品画布是一个简易的模板，通过一页纸的内容覆盖做竞品分析的 6 个步骤，引导分析者更规范地做竞品分析

2.3 分析卖点

2.3.1 汇总产品的优缺点

选品员在汇总产品优缺点时，要坚持客观公正的原则，从多方面考虑分析，得出较为全面的产品优缺点表，为后续工作提供参考依据，产品优缺点汇总表如表 2-9 所示。

表 2-9　产品优缺点汇总表

维度	优点	缺点
功能		
外观		
产品质量		
成本		
服务质量		
品牌效应		

2.3.2 编写产品介绍说明书

选品员根据具体产品编写产品说明书，产品说明书中要包括技术特征、产品参数、性能特征、使用说明等信息，下面以××牌沐浴露为例说明。

名称	××牌沐浴露介绍说明书	编　号	
		受控状态	

一、品牌概述

本产品为××牌沐浴露。本品牌多年来一直坚持着"简约而真实"的理念，并且在产品研发中始终贯彻这种理念。本品牌一直相信美丽的定义不应当被局限于狭隘的标准，每个女性都是充满个性的存在。

××牌沐浴露致力挖掘女性深层次的美，让女性享受呵护、宠爱自己的过程，让美真实体现。

二、研发背景

孕期女性受激素影响会发生很大变化，可能会出现一系列皮肤问题。出于对孕期女性以及胎儿安全的考虑，更应该选择温和无刺激的产品。

针对这种情况,本品牌专门研发出本款适用于孕期女性的沐浴露,为孕期女性提供舒爽的体验、顺滑的肤感,并且温和无刺激。

三、适用人群

孕期女性及皮肤敏感人群均可使用。

四、产品成分及特色

1. 氨基酸类表面活性剂:对人体无害,弱碱性,温和不刺激。
2. 蜂蜜:含蜂蜜成分,能够有效锁住肌肤内水分,用后皮肤不紧绷。
3. 海藻糖:锁水保湿,维护肌肤稳定状态。

五、产品肤感

本款沐浴露使用时,泡沫细腻丰富、易清洁不黏腻、有效渗透清洁、温和不刺激、用后清爽顺滑不紧绷。

六、产品功效

1. 清洁:泡沫丰富细腻、清洁力强,可深层清洁肌肤。
2. 保护:采用纯天然成分,温和不刺激,保护孕妇及腹中胎儿。
3. 保湿:内含蜂蜜成分,既能达到保护肌肤的目的,又能锁住肌肤内水分。

七、使用场景

洗澡的时候将其倒在浴花或者毛巾上,揉搓至泡沫丰富,再涂于全身,最后用水冲净即可。

八、优惠促销

1. 此次活动,本款沐浴露买一送一,即买 300 毫升送 300 毫升,买 500 毫升送 500 毫升。
2. 此次消费金额达到 100 元以上,即可获得同款身体乳试用装(30 毫升)。
3. 此次消费金额达到 200 元以上,可参与抽奖一次,奖品为本品牌香水一瓶(30 毫升)。
4. 以上优惠同时享有,最终产品以实物为准。

九、注意事项

本产品不可食用。使用本产品时,如不慎进入眼睛,请及时用清水冲洗。如有不适,请及时就医。

十、补充说明

1. 退换货周期:自选购之日起,7 天内无理由退换货。
2. 人为损坏不可以退换。

编写人员		指导人员	
主送部门		抄送部门	

2.3.3 定位营销卖点

如何为产品打造卖点,卖点成功与否是公司能否获取利润的关键,选品员可以从以下 4 方面定位产品卖点。

（1）产品特征

选品员可以从产品自身特征出发，寻找卖点，在特征的基础上进行打造，确定产品的营销卖点，产品卖点常见特征如表2-10所示。

表2-10　产品卖点常见特征

特征	具体说明
材质	产品采用何种材质，是否比较环保，是否采用新型材料等
工艺	制作工艺是否复杂，过程是否烦琐，耗时是否比较久等
功能	功能是否独特，效果是否明显等
外观	包装是否精美，是否具有设计感等

（2）产品质量

在产品越来越趋于同质化的今天，质量就是产品能否在市场上脱颖而出的关键。选品员可以从产品质量出发，确定营销卖点。

如牛仔裤的卖点可以是"手洗不掉色，机洗不变形"，羊毛衫的卖点是"100％羊毛，质地蓬松，颜色纯正"。

（3）产品价格

价格也是产品的卖点，物美价廉的产品在市场上会更受欢迎。对于部分价格敏感人群而言，低价就可以作为产品的卖点。

在产品质量有保证的前提下，价格越低越容易满足追求性价比人群的消费心理，打开这部分人群的市场。

（4）产品针对人群

产品针对的人群不同，相应的卖点也不同，比如我们熟知的护肤品，会巧妙地宣扬自己独特的卖点。比如××牌护肤水，功效是解决毛孔粗大问题；再比如××牌精华水，功效是淡斑美白；还有××面霜，主打的就是抗老修复。

选品员就可以根据产品主要针对的用户人群来确定卖点。

2.4 商谈合作

2.4.1　商议产品的报价

选品工作结束之后，公司内部就要商谈产品对外的报价，为使产品报价具有合理性，就要遵循一定的报价依据与报价程序。

选品员根据产品报价依据，从多方面对比分析，经过反复协商，得出最终产品报价。产品报价依据如表 2-11 所示。

表 2-11 产品报价依据

维度	维度举例	具体说明
成本因素	运输成本、人工成本、产品成本	成本是影响产品报价最关键的因素，是产品报价的最低经济界限，成本较低能够在产品报价方面具有较大主动性，能够在市场上保持竞争优势，并得到一定的利润回报
市场供求	产品供给、市场需求	市场供求也是影响报价的因素之一，如果市场上对产品的需求大，那么就可以采用较高的报价。如果市场上对产品的需求小，那么就可以采用较低的报价
竞争情况	竞争对手数量、竞争对手实力	参考竞争对手的生产情况、服务状况、价格水平等因素，依据自己的竞争实力、产品成本和供求情况来确定产品报价
定价目标	实现最大利润、维持市场占有率	定价目标不同就会影响产品的不同报价。比如以追求最大利润为目标，那么产品报价就要考虑到所能实现的最大利润
其他因素	地方支持	地方政府的措施也会影响到产品报价，如一些绿色环保产品，政府大力扶持发展，那么产品报价就会随着措施的变化而变化

制定产品报价商议程序，可以为产品报价工作提供参考依据，节省工作时间，提高工作效率，产品报价商议程序如图 2-4 所示。

图 2-4 产品报价商议程序

（1）第 1 步：确定产品目标市场

选品员根据公司的经营目标，确定产品针对的用户人群。不同的用户人群有不同的需求、不同的消费能力，这些因素都会影响到产品报价。

（2）第 2 步：估算产品市场需求量

选品员根据产品的相关情况，运用一定的市场销量分析法（包括专家调查法、客户调查法等），对产品可能达到的销量作出预测，并将其作为价格决策的依据。

（3）第 3 步：测算产品价格弹性

选品员根据产品成本、产品定价目标以及产品预估的最高和最低销量，制定一个合适的报价区间，在这个区间内，产品都处于盈利状态。

（4）第 4 步：分析竞争对手

选品员在商议产品报价时，要充分研究竞争对手情况，了解竞争对手采取的报价策略，再结合自身实际情况，采取相应的报价策略。

（5）第 5 步：选择报价方法

选品员在充分考虑到各种因素后，在众多报价方法中（包括成本导向法、需求导向法、竞争导向法），选择最适合报价产品的一种方法。

（6）第 6 步：确定最终报价

选品员根据上述程序，结合各种报价依据和报价方法，确定最终产品报价。

2.4.2 确定合作方式

选品员与产品供应商之间进行商议，反复讨论后，依据市场情形及公司情况，确定最终合作方式，合作方式说明表如表 2-12 所示。

表 2-12　合作方式说明表

合作方式	具体说明
独家销售	选品员根据公司流动资金、人员配备、设施装备等情况，与产品供应商进行独家合作
联名合作	公司与产品供应商深度合作，公司可以参与产品的生产制作流程，也可以用双方的品牌来命名产品，比如×××联名款
普通合作	产品供应商与公司之间进行最普通、最基本的合作。选品员以一定价格向产品供应商采购产品，产品供应商给出的产品优惠所有公司同时享有

2.4.3 制定产品营销方案

选品员在确定产品报价与合作方式后，要制定相应的营销方案以供产品营销使用，下面以"A 牌牛奶营销方案"为例，介绍产品营销方案。

方案名称	A牌牛奶营销方案	编　号	
		受控状态	

一、合作背景

1.随着中国互联网技术的飞速发展和消费升级的持续推动,电商直播成为主流零售模式,直播销售的方式也成为越来越多企业或商家的选择。

2.自发生新型冠状病毒感染疫情后,"网红经济""直播带货"等新业态新模式涌现,"直播销售"成为产品营销的新风口。

3.直播营销具备强体验和短流通的双重优势,近年来实现高速发展。据不完全统计,____年直播电商市场规模达____亿元。各大直播电商平台活跃用户数据远超传统电商平台,折射出直播电商扎实的用户基础。

二、营销产品

低脂牛奶、高钙牛奶、脱脂牛奶等。

三、营销人群

1.需要减脂的人群。

2.需要补钙的人群。

四、营销时间与目标

1.营销时间。

××××年×月××日～××××年×月××日。

2.营销目标。

通过此次营销活动,A牌牛奶产品销售数量突破____万箱,成交金额达到____万元。

五、营销策略

1.宣传策略。

在营销活动开始前,需要投入一定资金进行广告宣传,宣传方式包括各种线上平台预热、推广。

(1)搜索引擎宣传。

① 根据A牌牛奶推广需求,配合关键词的搜索热度分析,统计、筛选适合A牌牛奶的关键词。

② 将关键词分析整理,并将其信息优化,保证在搜索引擎上能够出现2～3条的A牌牛奶推广信息。

③ 同时,维护A牌牛奶推广信息热度,使其排名位置靠前。

(2)网络媒体宣传。

① 针对A牌牛奶营销,撰写品牌理念宣传文章(品牌理念、渠道、荣誉)与牛奶产品宣传文章(产品技术、产品成分、营养指标)。

② 在各种公众号、论坛、社交平台上等推出宣传文章。

③ 营销期间,维持宣传文章热度。

(3)新闻事件推广。

① 针对A牌牛奶具有传播价值的新闻报道,挖掘价值,形成系列话题,撰写文章。

② 在营销期间内,实现____次新闻报道的宣传与推广,借此提升A牌牛奶知名度与影响力。

③ 借助社会与行业热点,根据 A 牌牛奶产品的相关信息,如最新技术、产品升级换代等,设计新闻事件,进行宣传推广,提升品牌影响力。

2. 促销策略。

(1) A 牌牛奶制品在本公司营销期间价格一律打____折。

(2) 在本公司营销期间购买 A 牌牛奶,消费达到____元赠送牛奶杯一个。

(3) 在本公司营销期间购买 A 牌牛奶,消费达到____元送牛奶一箱。

(4) 在本公司营销期间购买 A 牌牛奶,消费达到____元以上,可参与抽奖活动一次,奖品最低价值为 100 元。

(5) 在本公司营销期间,以上优惠除了第(1)条,不同时享用。

3. 名人推广。

(1) 公司寻找符合 A 牌牛奶形象的名人,与其进行商谈,邀请其为产品推广,并签订合作协议。

(2) 在营销期间,名人需配合公司进行宣传,并在必要的时候开启线上直播,推广产品。

六、营销渠道

1. 主流电商平台的____家乳制品销售店铺。

2. ____位知名互联网营销人员的销售店铺。

3. ____个知名直播间。

执行部门		监督部门		编修部门	
执行责任人		监督责任人		编修责任人	

2.4.4 签订合作协议

为明确签约双方的权利与义务,防止产生不必要的纠纷,达到互利共赢的目的,在达成合作共识之后,签约双方需要签订一份合法的、规范的合作协议,作为约束签约双方的依据。

(1) 合作协议签订程序

遵循一定的合作协议签订程序,可以为合作双方提供便利,节省双方时间,避免冗杂的签订程序,具体程序如图 2-5 所示。

图 2-5 合作协议签订程序

① 第1步：资信审查。合作双方，也就是公司与供应商，各自派遣专业人员对对方进行资信审查，包括资格审查以及信用审查。

② 第2步：洽谈协商。公司负责人与供应商通过电话会议、视频会议或者见面商谈的方式，对合作条款的不同意见反复协商，最后达成一致。

③ 第3步：拟定协议。公司负责人将双方协商一致的意见加以整理，用文字表现出来，形成初步合作协议，再根据初步合作协议以及相关人员意见，对合作条款进行完善，确定最终合作协议。

④ 第4步：协议审查。双方各自派遣专业人员对拟定协议进行检查，是否存在对己方不利的条款，是否存在不符合法律条例的条款等。

⑤ 第5步：双方代表人签字盖章。合作协议审查之后，双方代表人已完全认可，就要在合作协议上签字，再加盖公司公章或者是合同专用章，才算合作协议签订完成。

（2）合作协议示例

公司负责人在拟定与供应商之间的合作协议时，可以参考甲方B公司与乙方A牌牛奶产品供应商之间的供货协议。

合作协议

甲方：_____

乙方：_____

为了更好地促进甲、乙双方之间的业务合作，互利互惠，进一步强化品牌效应和扩大市场份额，甲、乙双方本着平等自愿、互利共赢、共同发展的精神，就双方合作事宜达成一致，并签订以下协议（B公司简称为甲方，A牌牛奶供应商简称为乙方）。

一、合作内容

（一）合作产品：A牌牛奶所有系列。

（二）合作期限：××××年××月××日～××××年××月××日。

（三）甲、乙双方签订合作协议后，双方正式建立合作关系。

（四）乙方应提供关于牛奶的说明书、营养成分表给甲方，作为甲方营销之用。

（五）乙方提供牛奶的最优惠价格给甲方，并且在同类产品之中具有竞争优势。

（六）为推广品牌和提高效益，乙方应配合甲方进行线上推广。

二、产品品质

（一）乙方提供的牛奶必须符合最新国家标准和行业标准。

（二）相关系列牛奶产品应当是近期生产的。

（三）若第三方客户因使用乙方提供的牛奶产品而出现问题造成损失，或者是经过专业检测部门检验，确实是乙方产品质量问题的，乙方承担全部相关费用。

（四）乙方负责将产品送至指定地点，并做好运输过程中的质量保证，如出现质量问题，责任由乙方全部承担。

三、质量异议

（一）甲方在试用乙方产品后，若发现产品存在质量问题，应在第一时间以有效形式（电话、传真等）通知乙方。

（二）乙方应在接收到反馈的____小时内作出答复，并提供解决方案。如遇到无法以线上方式解决的情况，需及时到现场进行产品质量异议处理。

（三）乙方应在规定时间内解决质量异议问题，并承担因此造成的所有损失。

（四）对于第三方客户由于质量问题产生的退换货问题，由乙方自行解决。

（五）在合作期间，由于产品质量而引起的任何法律责任由乙方承担，甲方不承担连带责任。如果同时给甲方带来负面影响，甲方有权要求乙方赔偿。

四、产品价格

（一）在合作期间乙方必须保证牛奶产品以最低报价提供给甲方。

（二）牛奶产品如果价格发生变动，乙方需要提前____天以书面形式通知甲方，如果因乙方未及时通知甲方而造成损失的，由乙方自行承担。

（三）如遇特殊客户需要下调售价，必须经甲、乙双方共同签字确认后，方可同意。

五、付款方式

（一）甲、乙双方约定以产品采购单为结算依据。

（二）乙方在完成牛奶产品配送之后，在规定时间内，将采购对账单以及结算清单一并送至甲方财务部。

（三）甲方财务部在收到上述账单的____个工作日内，完成账单核算，并通知结款。

（四）甲、乙指定专人核算并签字后，甲方直接将结算货款汇入乙方指定账户。

六、售后服务约定

（一）牛奶产品售后服务由甲方统一对接，乙方安排专员配合售后服务。

（二）若在售后过程中引起客户的不满或纠纷，乙方承担由于质量问题引起的全部责任。

（三）售后过程甲方不收取乙方任何费用。

七、协议生效以及持续合作

（一）本协议一式两份，双方各执一份，协议附件作为协议的组成部分，具有同等法律效力，自合同协议签订之日起生效。

（二）合作期结束，双方可以根据实际情况，签订协议继续合作。

（三）若合作期结束，双方不再签订协议，双方之间如发生交易行为，仍然可以采用本协议，另有协议除外。

（四）供货价格合同为本协议组成部分，与本协议具有同样法律效力。

> **八、合作协议纠纷**
>
> （一）如果合作期间双方发生纠纷，双方协商解决，若协商不成，可向法院申请诉讼，走法律程序。
>
> （二）甲、乙双方需对协议内容保密，若因一方泄露合作协议而造成不良后果，另一方有权追究其法律责任。
>
> （三）未经甲方书面同意，乙方不得转让本协议的任何或者部分订单，否则甲方有权取消合作。
>
> **九、合作协议终止**
>
> （一）乙方如果不想继续为甲方提供产品，应以书面形式提前____月通知甲方，以便甲方有充足时间解决问题。
>
> （二）甲、乙双方关于产品质量、价格返利、责任赔偿等暂未达成一致的事项，不能成为乙方立即停止供货的理由，一旦出现，甲方可以追究乙方责任。
>
> （三）如乙方不能在规定期间内准时为甲方供货而导致协议终止的，甲方不承担任何责任，乙方已收取的订金，应在____个工作日内退还到甲方规定账户。
>
> （四）本协议自签订之日起生效，如因重大自然灾害等因素，导致本协议无法继续履行，协议自动终止。
>
> **十、生效日期**
>
> 本协议于____年__月__日生效。
>
> 甲方：（公章）　　　　　　　　乙方：（公章）
>
> 地址：　　　　　　　　　　　　地址：
>
> 代表：　　　　　　　　　　　　代表：
>
> 联系电话：　　　　　　　　　　联系电话：
>
> 日期：　年　月　日　　　　　　日期：　年　月　日

2.5 产品全面分析

2.5.1 进行竞品比对

选品员将产品与市场上的竞品进行对比，从而得出产品的竞争优势与劣势，便于公司后续工作的开展，竞品分析表如表 2-13 所示。

表 2-13 竞品分析表

产品名称 对比类别	产品	竞品 A	竞品 B	竞品 C
市场份额				
市场定位				
客户群体				
营销渠道				
销售数量				
营销方式				
营销策略				

2.5.2 组织产品检验

选品员在收到供应商产品之后,要对产品进行全部检验或随机检验,检验过程需要遵照一定程序,达到相应效果。以电子器件为例设计检验程序,其程序如图 2-6 所示。

图 2-6 电子器件检验程序

(1)第 1 步:做好检验准备

选品员在检验之前,要熟悉电子器件检验要求,制定检验规范,准备好相关检验工具,确定要检验的项目以及标准值。

(2)第 2 步:检验外观

检验外观要求选品员从电子器件的外观、包装、附件三方面进行。

① 检验电子器件外观是否有损伤、是否有污染、标志是否清晰。

② 检验包装是否完好、无污染,说明字迹是否清晰。

③ 检验附件是否齐全、完好且符合要求。

(3)第 3 步:检验零件

选品员对电子器件的零件进行检验,主要包括零件是否齐全、是否完整无损坏、是否和产品配对等。

（4）第 4 步：检验性能

选品员对整个电子器件的安全性能以及机械性能进行检验。

① 检验电子器件的安全性能，包括绝缘强度、湿热处理、抗摔强度等。

② 检验电子器件的机械性能，包括操作面板的灵活性、零件安装的牢固性等。

③ 检验电子器件的使用功能，将电子器件所有零件组装完毕后，进行试用，检验是否能够正常运行。

（5）第 5 步：填写"产品检验表"

选品员在完成各项检验后，记录数据，并将数据填入"产品检验表"中，向上级汇报。

2.5.3 跟踪产品发展趋势

公司要达成持续发展目标，选品员要随时跟踪与预测产品的发展趋势，方便后续工作随时调整，产品发展趋势跟踪与产品发展趋势预测需运用专业的方法开展，具体如下所述。

（1）产品发展趋势跟踪方法

产品发展趋势的跟踪方法有很多，常见的 4 种方法如表 2-14 所示。

表 2-14 常见的产品发展趋势跟踪法

跟踪方法	解释说明
PESTEL[①]分析模型跟踪法	PESTEL 分析模型又称为大环境分析，是一般公司进行市场分析以及产品跟踪经常用到的工具，其中的每一个字母都代表了一个总体环境中的因素。运用 PESTEL 模型，找出当前影响公司产品的外部因素，比竞争对手更好地利用机会，评估产品的未来发展趋势
搜索引擎跟踪法	在搜索引擎内，整理产品过去一段时间的发展数据，并在一段时间内每天记录产品新的变化与发展，包括销量、热度等，将两者数据进行比对，得出产品的发展趋势
市场要素追踪法	对产品的管理过程进行跟踪，包括产品价格执行、消费者产品评价、铺货率分销、竞品对比等方面进行跟踪
消费者追踪法	对消费者追踪也是得出产品发展趋势的一个方法，通过对品牌知名度、产品体验情况、品牌转换以及产品回购情况进行随机抽查，就可以得知产品在市场上的发展趋势

① 是由政治因素（Political）、经济因素（Economic）、社会因素（Social）、技术因素（Technological）、环境因素（Environmental）和法律因素（Legal）的首字母组成。

（2）产品发展趋势预测方法

选品员可以根据一定的趋势预测方法，对产品发展作出预测，便于后续对比、监控产品发展情况，及时作出调整。主要产品发展趋势预测法如表 2-15 所示。

表 2-15　主要产品发展趋势预测法

预测方法	具体说明
路径预测法	任何产品都有其发展的路径，产品发展的过程也就是功能迭代的过程，可以根据产品将来的发展路径，以及将来市场所需功能，对产品发展趋势做出预测
规划预测法	产品进入市场之前，必定要对其将来的发展作出规划，初步定出产品要占有的市场份额与投入资金，以马太效应为例，市场占有率不在前三名的产品无法长久存活
因果预测法	产品的主要功能就是用来解决一定问题，正是因为有各种问题，产品才会应运而生，只要这个问题还存在，那么这类产品的发展如何，就取决于其解决问题的能力如何
矛盾预测法	这种预测法与因果预测法相类似，新的矛盾必然会取代以前旧有的矛盾，新的供需关系会带来新的问题，解决新问题往往需要较长时间，产品的发展也是如此，可以根据矛盾解决的时间长短对产品的发展作出预测

2.5.4　分析产品转化率的变化因素

选品员应随时关注产品转化率，分析其发生变化的因素，并及时进行调整，以促进产品转化。影响产品转化率的部分因素如表 2-16 所示。

表 2-16　影响产品转化率的部分因素

因素	具体说明
质量	产品本身质量是影响产品转化率的关键因素，产品质量发生变化就会影响到产品转化率
主图或视频	产品大多数情况是以图片或者视频的方式出现在客户眼前，不管产品质量如何，客户最先看到是图片或者视频，图片或者视频的后续制作质量，也会影响产品的转化率
评论	好评可以提高客户对产品的信任度，进而提高产品转化率；差评会降低客户信任度，降低产品的转化率

续表

因素	具体说明
详情页	详情页内容以及设计发生变化,也在一定程度上影响到产品的转化率
促销活动	产品的促销活动,包括价格变动、满赠变化等,在短时间内会影响客户流量,造成转化率改变
宣传营销	产品的营销宣传方式、内容发生了变化,会使产品的转化率发生改变
直播间变动	直播间内人员更改、直播间背景改变、直播间气氛变动等,也会造成转化率变动

2.5.5 预判热销产品及产品销量

选品员应从公司以及客户角度分别出发,对热销产品种类以及产品销量作出预测,便于开展后续工作。

(1) 热销产品预判依据

选品员根据产品是否热销的判断依据对产品进行预判,可以提高判断的准确性,常见热销产品判断依据如表2-17所示。

表2-17 常见热销产品预判依据

依据	具体说明
点击率	对于一款产品是否热销,可以根据点击率来判断是否有成为爆款的潜质,点击率越高越容易成为热销产品
收藏率	产品的收藏率比较容易查看,收藏率越高越容易成为热销产品
横向数据	与全网类似产品的数据比对,如果本产品的数值高于全网平均值,那就很容易成为热销产品
纵向数据	最近几年类似产品的销量,可以作为今年的参考依据,分析每年的销量增长幅度
评论	评论的数量、评论的好坏,都可以作为判断产品是否热销的依据

(2) 产品销量预判方法

为提高产品销量预测的准确性,选品员应遵照表2-18的常见方法,预判产品销量。

表 2-18　常见产品销量预判方法

方法	具体说明
高级经理意见法	依据销售经理或者其他高级经理的经验与直觉,通过一个人或者所有参与者的平均意见求出产品预测销量
购买者期望法	这种方法适用于少数客户占据大部分销售量的情况,征求客户的潜在需求或者未来购买产品的计划,在收集消费者意见的基础上分析市场变化,预测产品销量
专家意见法	专家以不记名方式对产品销量作出预测,反复多次评估,再通过对组中所有专家的意见进行评估,最后得出具有更小偏差的预测结果
时间序列法	是指利用变量与时间之间的关系,通过对以前销量的分析,纵向对比,得出将来的预测销量

2.5.6　建立产品信息数据库

选品员应将所有产品相关信息录入系统,建立产品信息数据库,便于后续查询和统计。在需要产品信息的时候,能够快速准确查出。产品信息数据库设计如表 2-19 所示。

表 2-19　产品信息数据库设计

产品名称	产品数量	产品功能	产品规格	产品参数	产品成分	产品价格	产品定位	产品种类	技术参数	目标客户	实物图片
A											
B											
C											
D											

2.6 选品规划与执行

2.6.1　制定选品方案

选品方案是选品工作进一步执行的参考依据,选品员要学会根据不同的主题、不同的品类设计不同的选品方案,以提高选品工作的效率。以下是一个选品方案范例,供参考。

方案名称	"双十一"活动美妆类产品选品方案	编　号	
		受控状态	

一、任务概述

1. 任务背景。

"双十一"即是每年的11月11日,由于日期的特殊性,具有一定象征单身的意义,后来随着互联网的兴起,电子商务网站利用这个日期进行一些促销活动,逐渐演变成为每年10月到11月近两个月的特殊购物促销活动。

2. 任务目的。

在"双十一"活动之际,选择一些合适的美妆类产品,进行销售,通过促销的形式吸引更多客流量,实现更高的产品转化率,达成更高的交易额,为公司带来更高的经济效益与社会效益。

3. 任务时间。

××××年10月1日~11月30日。

4. 任务对象。

"双十一"活动期间参与促销的美妆类产品。

二、选品准备

(一)人员准备

1. 主管人员根据选品任务的工作量,配备相应数量的选品人员。
2. 主管人员根据细化的选品任务,划分工作职责。

(二)工具准备

1. 关于美妆类产品的市场调研报告。
2. 检验美妆类产品成分的各种仪器,如紫外分光光度计。
3. 检验美妆类产品功能的测量仪器,如皮肤水分测量仪。

三、选品标准

1. 品类要齐全,如口红、粉底液、眼影、化妆刷等品类都要涉及。
2. 来源渠道要正规且广泛,可以从一些官方渠道或者免税店选取。
3. 价格层次多样,价格从高至低都要选择,有不同的客户群体。
4. 要与时俱进,跟随市场,比如前段时间流行的A牌粉扑。
5. 有清晰卖点,比如B牌卸妆水添加植物精油。
6. 质量一定要保证,保证产品质量不得危害用户身体健康,否则会承担法律责任。

四、选品技巧

1. 选择外观、包装颜值高的美妆类产品。选品员尽量选择一些外观漂亮、设计感强的产品,以便吸引客户眼球,产生消费欲望。
2. 选择市场复购率比较高的美妆类产品。这类产品本身自带客户,更受客户信任,一旦有促销活动,更会大幅提高成交额。
3. 选择热度较高的美妆类产品。这类产品在市场上的客户关注度比较高,更容易吸引客流量,促进消费。
4. 选择品牌效应好的美妆产品。一些品牌效应好的美妆类产品有属于自己的客户群体,也就是"忠实粉丝",当这些品牌有了促销活动,会吸引更多的品牌粉丝进行消费。

五、选品步骤与产品确定

1. 粗选。选品员通过各种渠道,了解到相关美妆类产品,看到符合标准的产品就记录在自己的文件中,并收集样品。

2. 产品分析。美妆类产品选好之后,选品员不仅要分析产品自身因素,包括成分、功能、使用效果等。还要分析产品的外部因素,更要关注产品的竞争对手、客户评价等。

3. 数据检测。选品员要检验美妆类产品的各项数据是否符合标准,各项参数是否与供应商给出的信息一致。比如产品内含有的成分或者是产品的实际重量等。

4. 产品试用。选品员为收集到的样品寻找试用人员,让他们试用并且记录试用效果,整理成具体报告。

5. 产品确定。选品员根据产品价格、产品定位、产品功能以及产品试用数据等,对初期选择的样品进行筛选,确定最终售卖产品。

六、选品注意事项

1. 避开侵权产品。市场大环境鱼龙混杂,选品员在选品时,一定要擦亮眼睛,认真筛选,一旦产品侵权,轻则影响产品销量,重则会承担法律责任。

2. 避开市场上相对旧的产品。市场变化太快,产品更新换代周期越来越短,新品更容易受到客户的喜爱,也更容易促进产品转化率。

3. 考虑公司的流动资金规模。选品员在选品时,一定要结合公司的流动资金规模,产品种类既要多,价格层次还要丰富,如果公司的流动资金都用在选品上,那么整个公司将无法维持运营。

4. 产品成本要综合考虑。产品的成本不仅包括产品本身,还包括公司可能会承担的运费、要赠送的运费险、产品的售后服务等。

5. 选品切忌以自己的偏好做选择。选品要综合考虑各种因素,切忌仅凭选品员自己的喜恶、偏好做选择,避免给公司带来损失。

执行部门		监督部门		编修部门	
执行责任人		监督责任人		编修责任人	

2.6.2 选品规划执行与监控

选品规划执行与监控是整个选品工作中关键的内容,它可以确保选品规划的顺利进行,节省选品工作的时间。因此,在选品规划执行与监控过程中,要遵循选品规划执行程序,根据实际情况采取选品规划监控建议。

选品规划执行程序,如图 2-7 所示。

图 2-7 选品规划执行程序

（1）第 1 步：确定选品方案

主管人员根据公司流动资金、人员数量、目标客户定位等因素，在不同的选品方案中选出最合适的，确定执行。

（2）第 2 步：配备选品人员

主管人员根据选品规模、选品预算、选品标准、选品期限等因素，配备相应数量的工作人员。

（3）第 3 步：制定实施细则

主管人员以选品方案为基准，制定评价机制、奖惩制度与实施细则等。

（4）第 4 步：划分工作内容

主管人员划分工作内容，安排____人对接产品供应商，安排____人寻找试用人群等。

（5）第 5 步：实施选品方案

选品员根据各自的工作职责，按照一定要求，展开工作，确保选品方案实施。

主管人员要对选品方案执行情况进行监控，以控制工作时间，提高工作效率，进一步节省人力物力，实现价值最大化，选品方案执行进度监控的建议如表2-20 所示。

表 2-20 选品方案执行进度监控建议表

建议	具体说明
制定执行标准与流程	将各种工作内容及细节尽可能流程化、标准化，形成各种文档，对执行过程中遇到的各种问题归纳整理，能够减轻很大的压力，减少重复的工作环节
保持信息透明化	◆ 选品方案执行信息公开透明，一方面可以让团队成员清晰认知到自己在团队中扮演的角色，承担的工作内容；另一方面也可以让团队成员之间相互监督工作进展，了解彼此的工作 ◆ 要使选品方案执行信息透明，可以借助工具，如任务列表、看板、图表等
利用工具监控执行进度	可以利用燃尽图、甘特图等工具，随时监控选品方案的执行进度，主管人员根据监测到的结果，判断是否能够保质保量地完成，及时发现问题并调整

续表

建议	具体说明
设立奖惩机制	在不同的任务节点设置不同的考核方式,并确定相应的奖惩机制,比如绩效审查。根据进度基准,分别考核测量,对团队成员有奖有罚
明确选品方案执行的验收标准	在选品方案执行之前,就要明确不同的工作内容需要达到什么样的标准才可以验收,这样团队成员就可以自我检查是否合格,避免浪费主管人员的检验时间
节点检查	为了让选品方案得到有效的执行,那么检查节点就应该被清晰定义,确定检验的日期与重要的执行节点,这样就可以有效监督选品方案执行情况

2.6.3 建立自有供应链渠道

供应链渠道不稳定会带来很多风险,比如产品质量无法得到保障、产品供应商有可能随时毁约等,而解决这种问题的方法就是建立自有供应链渠道,建立方法主要有3种,分别是自主建设、与他人合作建设、外包给他人,具体内容如表2-21所示。

表 2-21 自有供应链渠道建立方法

方法	具体说明
自主建设	◆ 公司成立专门部门,对公司的供应链渠道计划进行整体规划以及协调实施 ◆ 公司专门部门对供应链渠道进行日常管理 ◆ 进行潜在渠道供应商的调研,包括供应商的数量、质量以及权重 ◆ 对不同潜在供应商进行评估,包括产品质量、售后服务等 ◆ 制定供应商供应政策,规划供应商供应区域 ◆ 采取预付部分货款,其余部分滚动结清的方式结账
与他人合作建设	◆ 公司成立专门小组,确定公司关于供应链渠道的需求 ◆ 公司专门小组进行市场评估,寻求可靠合作伙伴 ◆ 与合作伙伴签订协议,分工协作 ◆ 合作伙伴对潜在供应商进行评估 ◆ 合作伙伴整合分析,确定最终供应商 ◆ 合作伙伴将最终结果通知公司 ◆ 公司与最终供应商签订协议,确定最终供应方式

续表

方法	具体说明
外包给他人	◆ 寻求第三方专业公司 ◆ 与第三方公司签订授权协议,第三方公司全权负责供应链渠道建设 ◆ 第三方公司了解供应链渠道建设要求 ◆ 按照供应链渠道要求寻找潜在供应商 ◆ 对潜在供应商进行评估 ◆ 确定最终供应商 ◆ 第三方公司与最终供应商签订协议,确定供货

2.6.4 继续寻找新产品

选品员在现有产品的基础之上,可以继续开发新产品,以便紧跟市场发展趋势,迎合客户需求。新产品包括公司现有品类中还未涉及的产品和其他新产品。

(1)现有品类下新产品的寻找渠道

选品员可根据表2-22所示的常见渠道寻找公司现有品类中还未进行销售的产品。

表2-22 现有品类下新产品的寻找渠道

渠道	具体说明
互联网平台	各种社交软件、新闻媒体、短视频平台、电商平台等渠道,会囊括各种各样的产品以及产品信息,可以通过这些渠道寻找新产品
展会、博览会、交易会	各大品牌会经常举办关于自己产品的展会,每场展会的展出产品都不相同,在各种展会中也有可能找到现有品类的新产品
产品发布会	产品供应商在新产品推广时会举办发布会,选品员通过参与供应商举办的产品发布会,可以拓宽产品来源渠道
品牌推介会	各种品牌为宣传自己的产品,经常会在会展中心这类地方举办推介会。推介会也可以成为新产品的寻找渠道
品牌旗舰店	在各种电商平台上,各大品牌为实现自己的目的,会成立官方旗舰店,它们的产品来自于品牌供应商,各种新产品也会第一时间出现在旗舰店里

(2)其他新产品寻找方法

选品员可根据表2-23所示的常见方法寻找发现其他新产品。

表 2-23　其他新产品的寻找方法

方法	具体说明
市场分析法	了解当前市场上哪些产品最热销、最受客户的喜爱、在最近一段时间内热度持续增长,这样的产品就可以作为公司新产品的备选
源头寻找法	产品制造者必定会跟随经济发展而不断开发新产品,以提升竞争力。公司随时关注产品制造者,就可以第一时间了解到新产品
竞争对手分析法	竞争对手是寻找新产品的一种重要来源,将竞争对手的产品品类与自己产品品类进行对比,找出自己欠缺的产品

第3章
直播运营管理

3.1 直播策划

3.1.1 策划的目标和内容

策划一场直播活动前,互联网营销人员应明确本次直播策划的目标是什么,是宣传引流还是直接获客,目标不同,策划的内容也会有所不同。

明确策划目标后,就可以依据目标更精准地定位人群和市场,结合自己的产品圈定目标用户群体,然后有针对性地设计策划的内容,为直播带来最大的流量提升。

直播策划的内容包括直播主题、直播形式、直播平台、直播主播、直播产品及直播间团队搭建等。详细内容如表3-1所示。

表3-1 直播策划的内容

直播策划的内容	具体说明
直播主题	◆ 直播主题关乎直播整个流程细节的设计,只有先确定了直播主题,才能围绕主题去对每一个环节进行安排 ◆ 直播主题要能抓住用户需求,挖掘痛点,引起用户的好奇心,进而在直播间停留,直播主题可以是上新、促销活动、周年庆、开学季、年货节等
直播形式	直播形式一般包括达人直播、带货直播、跨界直播等,可根据直播主题和直播目标选择适合的直播形式
直播平台	可以根据粉丝累计数、用户地域、平台的稳定性及平台付费等维度选择直播平台
直播主播	主播的类型一般分为职业主播、实体企业家、带货红人等,互联网营销人员应根据直播主题、直播形式和产品选择最合适的类型
直播产品	选品应考虑产品的品质、颜值、用户体验感、特色及SKU(Stock Keeping Unit,存货单位)的结构设计
直播间团队搭建	直播间团队的主要工作人员及其职责如下。 主播:产品展示、解说、营销 场控:直播现场统筹、指挥、调度 副播:与主播互动、体验产品、吸引流量 助播:灯光、打板、化妆、补货、应急 客服:逼单、成交、记录、答疑、解围 选品:直播产品挑选、上架、上图、编辑

3.1.2 收集和汇总产品营销信息

营销方案的信息收集渠道不同，信息类型也多种多样，因此互联网营销人员在收集到营销方案信息后，有必要对其进行分类整理，并根据不同的内容进行分析，最终得出有效的结论。

（1）确定需要收集的营销信息类型

主要包括客户信息、产品信息、竞品信息、市场环境信息以及公司内部信息等。具体如表3-2所示。

表3-2 营销信息类型

信息类型	包含内容
客户信息	客户的需求信息、对产品或服务的使用评价、对产品的价格反馈、客户的购买习惯、客户的购买方式、产品信息接收方式等
产品信息	产品的成本、产品的价格、产品的质量性能、产品销售地区、销售量、销售额、产品的分销方式、产品的广告和促销方式等
竞品信息	竞品的产品(服务)质量、性能、外观、价格、营销手段、销售渠道、主要销售区域、销售量(额)等
市场环境信息	宏观环境信息如政治、经济、法律、社会、文化等
公司内部信息	公司直播营销组织架构、公司现行的直播营销计划及执行情况

（2）确定营销信息收集的渠道

营销方案信息收集渠道可以分为内部收集渠道及外部收集渠道。

① 内部收集渠道。原则上，公司任何员工都是营销信息收集的主体，都有义务为公司提供有价值的信息。但主要的收集主体是公司领导层、市场部、选品部等。

② 外部收集渠道。客户（消费者）、供应商、直播营销平台、市场调查公司等。

（3）汇总营销信息

在营销方案信息的汇总过程中，互联网营销人员应对营销方案信息进行有效分类、合并和规整，并剔除无效的信息。

通常情况下，在对营销方案进行汇总后，可将这些数据进行存档管理。建立营销信息库，分别为客户信息库、产品信息库、竞品信息库、市场环境信息库以及公司内部市场信息库，方便后期完善和更新。

营销信息是制定直播营销方案工作的基础，有丰富和翔实的营销信息，才能制定出有针对性的营销方案。

3.1.3 掌握营销效果的评估方法

营销效果评估是指营销活动在执行前、执行过程中或执行完成后，对于营销活动效果进行评估的过程，因此掌握营销效果评估方法并合理运用，有利于提高直播营销的转化率。常用的营销效果评估方法有过程指标法和样本数据调查法。

（1）过程指标法

活动过程中的若干个节点（如曝光、点击、互动、发券、购买等），节点到节点的数据变化可以用漏斗模型来表示，这种数据称为活动过程指标。而在一定的时间维度，将这些过程数据进行汇总展示，形成活动的衡量指标，用以考核活动的定量效果。

不同品类的过程指标其侧重点也不同，具体如表 3-3 所示。

表 3-3　过程指标侧重点

决策周期及频率	指标侧重点	示例
决策周期短、频率高	曝光、点击、购买	生鲜、美妆等品类
决策周期长、频率低	曝光、点击和留资量	汽车、家居建材、房地产等

（2）样本数据调查法

样本数据调查法，是抽选一部分调查对象作为调查样本进行调查，并根据样本的调查结果估计和推断全部调查研究对象的一种调查方法。具体应用于直播营销效果的评估，是通过抽样曝光和点击活动页的消费者 ID，比对真人样本库来分析曝光活动的人群是否与预期相符。

样本数据调查法主要包括简单随机样本数据调查法、系统样本数据调查法、分层数据样本调查法、整体数据样本调查法和多阶段样本数据调查法 5 类，具体说明如表 3-4 所示。

表 3-4　样本数据调查法类型说明表

类型	说明
简单随机样本数据调查法	◆ 这是一种最简单的一步抽样法，它是从总体中选择出抽样单位，从总体中抽取的每个可能样本均有同等被抽中的概率 ◆ 抽样时，处于抽样总体中的抽样单位被编排成 $1 \sim n$ 编码，然后利用随机数码表或专用的计算机程序确定处于 $1 \sim n$ 间的随机编码，那些在总体中与随机编码吻合的单位便成为随机抽样的样本

续表

类型	说明
系统样本数据调查法	◆ 又称"顺序抽样法",是指在总体中按照一定的间隔从某一随机点开始抽取调查样本的方法 ◆ 该方法的优点是抽取的抽样样本分布较好,容易计算对总体进行估计
分层数据样本调查法	◆ 该方法是根据总体特定特征,将总体分为不相重叠的层次,然后按照一定比例在各层次中抽取调查样本的方法 ◆ 该方法能够提高调查样本的代表性,对总体估算的精度较高,且操作方便
整体数据样本调查法	◆ 该方法是先将总体单元按照自然分群或按照需要进行分群,随机选择群体作为抽样样本,抽样群体中的所有单位都是具体的调查对象 ◆ 此法因样本较为集中,因而可以降低调查费用
多阶段样本数据调查法	◆ 该方法是采取两个或多个连续阶段进行样本抽取,是一种不等概率抽样 ◆ 此法所选择的样本较为集中,能够节省调查时间和调查费用,但通过样本的调查结果推断总体时较为复杂

3.1.4 制定主题直播间搭建方案

常用的直播间搭建大致分为实景区和绿幕区两种类型。

实景区可以是具体的场景,如文化墙、海报展板以及纯白背景等,根据直播主题而调整。绿幕区则是通过搭建绿幕,满足直播过程中需要进行抠像,设置沉浸式背景的需求。

以下是一个服装主题的实景区直播间搭建方案,以供参考。

方案名称	服装主题直播间搭建方案	编　号	
		受控状态	

一、任务描述

通过搭建主题直播间,营造购物氛围,让用户产生购买场景代入感,强化品牌账号和产品的调性,从而加强粉丝对品牌和产品的信任感。

主题直播间的搭建包括直播场地的选择、直播设备的准备、直播间背景的搭建、直播间灯光的布置、直播间产品的陈列等。

二、直播间搭建步骤

(一)直播场地的选择

直播场地面积应在15~20平方米,具有独立、安静的特点,能够容纳直播设备、直播人员、直播间产品的陈列。

(二)直播场地空间规划

1. 设备摆放区。

以呈现最佳的直播画面效果为布置标准,确定设备摆放区后,做好位置标记,便于下一次直播的开展。

2. 货品陈列区。

服装陈列区靠近主播的活动区域,便于主播取用、展示。

3. 后台人员工作区。

直播中需安排一名助播和一名场控辅助直播人员,在直播镜头外留出三分之一的直播场地作为其他工作人员的活动区域。

(三)直播间背景布置

1. 背景选择。

背景以简洁、大方的纯色背景墙为主,从视觉上精简,突出主播。

2. 前景陈列。

(1)陈列时不要让直播软件的功能键遮挡住产品或提示牌,调整好合适的画面位置。

(2)前景陈列要从展示服装的细节角度出发,尽可能向消费者展示服装的全部SKU,进而吸引用户停留。

(四)直播间光源布置

1. 环境光源。

指直播间顶部安装的灯源,以每30厘米布置一根灯源的密度进行排列,营造直播间的整体亮度。

2. 主光源。

(1)配备环形灯、LED可调节灯、射灯三种主光源设备。

(2)主光源设备的色温选择5 700K日光色。

3. 光源位置。

(1)主灯。主灯安装在直播间主播位置上方,顶灯光线明亮为主,使用LED灯。

(2)补光灯。补光灯摆放在主播两边较远的位置,注意不要出镜。补光灯不要对着主播的脸,避免在灯光较强的情况下出现脸部曝光过度。可选择八角补光灯、顶部射灯、环形补光灯。

(五)直播环境布置

1. 环境布置。为了直观地展示服装穿搭效果,直播间环境要保持光线清晰、环境敞亮、可视物品整洁。

2. 直播间镜头范围内切勿脏、乱、差,避免摆放杂乱的陈列架、衣柜入镜。

3. 放置排列整齐的塑料模特,具体数量视空间而定。

4. 放置一些道具,以不会分散粉丝对直播间的注意力为布置依据。

（六）直播设备布置

1. 准备两台专用直播手机，以避免直播被其他因素干扰。

2. 准备一个麦克风，避免主播离镜头太远，导致声音太小，粉丝听不见的情况。

3. 准备三脚支架和美颜灯。

4. 准备一台具有 SDI 或者 HDMI 输出接口，并配置焦距合适的镜头的摄像机。

5. 视频编码器，将前端摄像机采集到的音视频信号经过压缩编码，通过网络传输到直播间的服务器上。

6. 推流软件，视频在经过编码器压缩编码后，需要在直播后台获取推流地址即可实现摄像机实时直播。

三、直播间效果测试

（一）主播走位设置测试

提前设置好主播的走位，调试好能最大限度展示服装效果的角度，以主播的站位是否能展现服装的优点为走位设置依据，主播应在划定的区域和路线上走位，确保画面不会出错。

路线设置原则：两点一线一区域。两个点分别是主播近镜头展示细节的位置和能走到的最远距离进行定格的点；一线是路线的划定；区域则是指主播活动的区域，直播时提醒主播不能超过这个区域。

（二）拍摄角度测试

1. 主播站在对角线上。可以使画面得到很好的纵深与立体效果，画面中的线条还可以吸引人的视线，让画面看起来更加动感有活力，达到突出主体的效果。

2. 主播后排多放物品。在主播的背后增加物品的摆放，增加直播间的长度。

四、补充说明

（一）景深设计

结合本次直播主题和场地面积，可利用背景陈列的景深设计技巧，层层叠加，提升空间感。

（二）机位架设

为了使拍摄人物主体更清晰，拉升整体人物主体的视觉效果，机位不要架设过高，可以架设在人物腰部平齐位置。

执行部门		监督部门		编修部门	
执行责任人		监督责任人		编修责任人	

3.1.5 制定个人品牌塑造方案

互联网营销的时代，利用自有网络平台连续输出有价值的内容、利用网络传播的便捷，吸引特定的流量，塑造个人品牌，进而扩大个人在互联网的影响。

以下是一则个人品牌塑造方案，供读者参考。

方案名称	个人品牌塑造方案	编　号
		受控状态

一、个人品牌塑造的目的

1. 塑造个人品牌，可以获得优质流量。
2. 塑造个人品牌，可以快速获取粉丝信任。
3. 塑造个人品牌，可以获取优质客户。
4. 塑造个人品牌，适应互联网的发展要求。

二、个人品牌塑造的步骤

（一）精准定位

塑造个人品牌的第一步是选择一个市场潜力大的行业，并在此行业内选择一个细分领域，确定服务对象，选定目标市场。

第二步是分析个人优劣势，根据自己特长对自己进行明确的定位，使个人品牌能在服务对象心中占据一个独特的印象。

（二）固定个人标签

固定个人标签，便于公众化识别，目的是通过个人标签强化记忆、增强信任，降低传播和营销总成本。使粉丝看到该标签相关的内容就能联想到自己。

（三）高频次输出内容

1. 输出频次。主动制造跟个人品牌相关的衍生内容并持续输出，至少要保证每日一更。
2. 输出内容。可以是思想、内容、金句、价值观，但不管是哪一类，都应以为用户提供专业的、有价值的内容为输出依据。
3. 输出方式。可以选择文字、图片、音频、视频等。

（四）传播渠道选择

个人品牌塑造的传播渠道根据所选领域不同，传播渠道也可不同。

1. 短视频平台：抖音、快手等。
2. 社交平台：微信、微博等。
3. 资讯平台：今日头条、知乎等。

选择适合自己的媒体平台，借助各个平台的力量，扩大个人的影响力，使自己的个人品牌影响力不断加深。

（五）优化个人标签

收集粉丝的反馈信息，根据反馈信息不断调整优化个人品牌的定位和标签。

（六）信任系统打造

通过"名人背书、客户见证、职业头衔"等，来强化自己的专业性，提升社会地位，增强与客户之间的信任度。信任系统可以是身份、客户的见证评价、荣誉证书、社会地位等。

信任系统的目的，就是围绕"自带信任、自动成交"原则来打造。

三、个人品牌运营与维护

通过精准定位、强化标签、持续输出内容、打造信任系统等步骤，累积了一定量的粉丝后，需把重心转移到运营与维护。

1. 运营方式。爆款营销事件设计、搜索引擎优化（Search Engine Optimization，SEO）、口碑传播等。

2. 粉丝维护。可以把粉丝转移到个人社交账号，通过对话与好友互动，培养关系。促成交易后，重视后端服务，产生好的口碑，让用户分享，产生裂变效果。

执行部门		监督部门		编修部门	
执行责任人		监督责任人		编修责任人	

3.1.6 制订多媒介传播计划

多媒介传播是一项具有前瞻性、谋略性的传播活动，需要在具体的传播计划指导下进行，多媒介传播计划的制订应遵循如下程序，如图3-1所示。

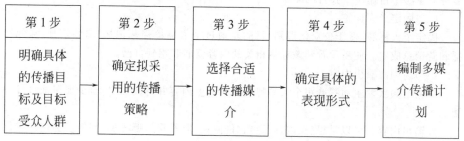

图 3-1 多媒介传播计划的制订程序

（1）第 1 步：明确具体的传播目标及目标受众人群

① 制订传播计划首先要明确具体的传播目标，并紧紧围绕具体目标制订传播计划。

② 分析目标受众人群的组成及生活习惯，发掘他们接触信息的主要通道。

（2）第 2 步：确定拟采用的传播策略

① 根据传播目标和受众群体，先确定几类媒体，然后分别评估其传播内容、传播方式是否与目标受众的接收信息习惯相吻合。

② 确定主要的传播媒介，可以是两种或多种。面向一般消费者，以大众传播媒介为主；面向政府、企业用户，应当以行业媒介、专业媒介为主。

③ 根据不同媒介的传播特点和传播重点，科学合理地进行组合。

（3）第 3 步：选择合适的传播媒介

① 根据拟采用的传播策略，列出媒介名单，包括媒介名称、媒介定位、覆盖范围、媒介的权威性、影响力、联系方式等。

② 对备选的媒介进行深入研究，并划分重点传播媒介和次重点传播媒介。

③ 选择合适的传播媒介时可考虑传播对象的特点和需求，传播的信息内容及传播的费用预算。

（4）第4步：确定具体的表现形式

根据传播目标、传播策略、传播媒介选择确定具体的表现形式，可以是文字、图像、图文结合、视频、音频等。

（5）第5步：编制多媒介传播计划

完成上述工作后，就可以编制多媒介传播计划，计划内容包括具体任务描述、主要传播目标和目标受众、传播媒介策略和传播方式、媒体选择、媒体名单、费用名单及其他说明。

为保证传播效果，需制订详细的多媒介传播计划，为宣传工作提供指导。以下以A品牌零食的某次直播营销的传播计划为示例。

计划名称	A品牌零食多媒介传播计划	编号	
		受控状态	

一、传播目标
1. 提升A品牌零食的知名度。
2. 提升A品牌零食直播活动的曝光率、点击率、咨询率。
3. 市场份额的扩大和销售业绩的增长。

二、传播形式
1. 短视频传播。
(1) 录制A品牌零食的品牌宣传视频，在各大视频平台播放，提高知名度。
(2) 录制A品牌零食直播活动的浓缩预告，吸引用户的好奇心和关注度。
(3) 在短剧情中植入A品牌零食和直播活动的详情进行传播。
2. 软文传播。
(1) 邀请综合博主、美食博主以分享专业资讯的形式传播。
(2) 描述零食购买的场景：周末的下午，和朋友一起吃A品牌零食，看一场旧电影；或者与家人欢聚时刻，共同分享A品牌零食。
(3) 分享主播经历和体验：可以是自己的真实体验，也可以是别人的经历，目的是引起主播与用户的共鸣，进而拉近与A品牌零食的距离，产生信任，如"那些年主播选择零食过程中踩过的坑"。
(4) 分享直播心得：如分享在直播过程中A品牌零食的受欢迎程度，营造一种很难抢到的营销氛围。
3. 表情包传播。
发起表情包的互动话题，制作A品牌零食的各种表情包，引发用户参与和传播。

三、选择合适的媒介
1. 视频类传播形式。
选择自媒体＋视频平台的媒介组合，如官方微博、微信公众号、抖音、快手、爱奇艺等。

2.软文传播形式。

选择传播媒体＋论坛的媒介组合,如小红书、知乎、百度贴吧。

3.活动传播。

选择自媒体＋社群营销的媒介组合,如官方微博、微信公众号、微信群、QQ 群等。

四、传播阶段规划

1.第一阶段:筹备期。

任务:以用户心理诉求为主,整合多媒介传播工具,让用户充分认识 A 品牌零食,建立品牌形象。

工作重点:形象设计与营造,确定广告及媒体计划。

2.第二阶段:引导销售期。

任务:以理性诉求为主,让目标受众充分认识产品的利益点,明确核心价值。

工作重点:以强势密集的传播方式,提升 A 品牌零食直播活动的曝光率、点击率、咨询率。达成直播销售的高成交率。

3.第三阶段:强势销售期。

任务:当潜在用户对 A 品牌零食有一定的认同和理解后,持续输出产品卖点及销售策略,展开强势传播,对观望的买家形成进一步的刺激,促进达成购买行为。

工作重点:持续传播内容的输出,调整 A 品牌零食走势及销售情况并调整传播方式。

4.第四阶段:二次传播期。

任务:补救销售死角,提升 A 品牌零食的知名度,增加客户认同感,以达成圆满的销售成果。

工作重点:挖掘传播实施过程中产生的新的传播因素,实施二次传播。

五、传播预算

1.广告投放预算。

目标:达到 20 万用户购买。

预计有 10% 的潜在用户进入直播间后产生购买,所以至少需要 20 万用户÷10%＝200 万人看见投放的广告信息。

预计有 40% 的潜在用户在看见直播活动信息后进入直播间,所以至少需要 200 万÷40%＝500 万人观看广告。

曝光率预计为 10%,所以至少投入 500 万÷10%＝5 000 万次曝光。

假设每千次曝光的成本为 10 元,则 5 000 万次曝光的成本为 5 000 万÷1 000 次×10 元＝50 万元。

2.人员预算(略)。

3.物料预算(略)。

六、传播计划实施监测与效果评估

在传播计划实施过程中,应时刻监测已经实施的传播效果,对于传播过程中的舆情进行有效控制:负面舆情采取应急措施,正面舆情引导传播。

执行部门		监督部门		编修部门	
执行责任人		监督责任人		编修责任人	

3.2 直播目标规划

3.2.1 设定直播销售周期目标

直播销售的最终目的是实现销售目标,因此,设定合理的直播销售周期目标对直播销售具有重要的指导作用。直播销售周期目标的设定参考如表 3-5 所示表格。

表 3-5 直播销售周期目标

指标	周期	目标
总销售目标	启动期	
	成长期	
	成熟期	
月总销售订单	启动期	
	成长期	
	成熟期	
日均销售目标	启动期	
	成长期	
	成熟期	
日均销售订单	启动期	
	成长期	
	成熟期	
平均客单价	启动期	
	成长期	
	成熟期	
月总流量	启动期	
	成长期	
	成熟期	
月总转化率	启动期	
	成长期	
	成熟期	

3.2.2 建立直播销售规范程序

了解直播销售规范建立的程序，可以帮助互联网营销人员快速制定直播销售的相关规范，具体程序如图 3-2 所示。

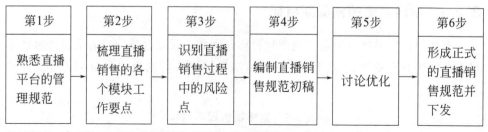

图 3-2　直播销售规范建立程序

（1）第 1 步：熟悉直播平台的管理规范

① 每个直播平台都会制定相关的直播管理规范，一般包括通用规范、主播应遵守的行为规范和商家应遵守的行为规范。

② 平台管理员在制定直播销售规范之前，应熟知各个直播平台的管理规范，在直播平台管理规范的指导下进行。

③ 不同平台的直播管理规范会有差别，因此，在制定直播管理规范的时候应充分考虑不同平台的适用性，做到直播销售规范的全面、翔实、合理和可执行。

（2）第 2 步：梳理直播销售的各个模块工作要点

① 平台管理员对直播销售的各个模块进行梳理，针对性地制定精细化的管理规范。

② 根据直播销售的不同模块可以分为直播销售通用管理规范、直播间搭建管理规范、直播设备管理规范、直播内容管理规范、主播应遵守的行为管理规范、直播产品管理规范、直播评论管理规范等。

（3）第 3 步：识别直播销售过程中的风险点

① 平台管理员对直播销售过程进行分阶段推演，可分为直播开场、直播过程和直播收尾。

② 通过对直播销售过程的推演，准确识别可能发生的风险点，并针对风险点制定对应的管理规范。

（4）第 4 步：编制直播销售规范初稿

在直播平台管理规范指导下，平台管理员根据梳理的工作要点和识别的风险点编制直播销售规范初稿，规范应遵守国家相关法律法规。

（5）第5步：讨论优化

平台管理员组织团队人员对直播规范初稿进行详细的讨论，集思广益，对初稿完成优化。

（6）第6步：形成正式的直播销售规范并下发

① 在直播销售规范初稿优化基础上，形成正式的文件，提交主管部门领导审核签发。

② 主管部门领导审核签发后，平台管理员下发至工作人员，并组织团队相关人员进行学习。

③ 团队相关人员应在工作中严格遵守直播销售管理规范。

3.2.3 制定直播用户管理方案

直播用户管理是指基于一定用户量的前提下，通过采取特定的管理方法，提升用户活跃度与忠诚度，进而达到拉新、留存、促活、转化的目标。

以下是一份常规的直播用户管理方案，以供参考。

方案名称	直播用户管理方案	编　号	
		受控状态	

一、任务描述

以用户为中心，围绕用户需求采取一些特定管理方法，进而提高用户的活跃度与忠诚度，把用户留下来，从而尽可能地达到预期设置的直播营销目标和任务。

二、用户分类

根据用户购买习惯和特征进行分类，分为高频消费用户、低频消费用户、其他主播的用户和平台新手用户。并对其制定不同的管理方法。

1. 高频消费用户。指那些已经对主播或商家产生信赖和认可，有过大量购买行为且具有稳定购物环境和购物预期的用户。

2. 低频消费用户。指对主播推荐的产品不太信任，没有看到自己喜欢的产品，或对产品不够了解等原因，导致消费频率较低的用户。

3. 其他主播的用户。指对直播和其他主播有一定认知，会按既定时间去关注主播的直播间观看，也有可能会观看平台推荐的其他直播的用户。但进入一个新的直播间时，他们对直播间推荐的产品会持观望态度。

4. 平台新手用户。指对直播营销的认知程度和信任度都比较低，对直播平台的操作规则也不太了解，即使想购买产品也习惯在电商平台搜索后进行购买的用户。

三、用户维护管理

1. 实施用户分类。

根据用户分类，实施不同的管理方法。

(1)高频消费用户。
① 保证直播间产品的丰富度,持续保持用户对主播的关注度。
② 保证直播间产品的价格优势,提升用户对主播的关注动力。
(2)低频消费用户。
分析购买率低的几个主要原因,针对性地采取详细介绍直播间产品、提供粉丝专属福利、积极沟通提高服务质量等措施,提升低频消费用户对主播的信任感,提高其购买率。
(3)其他主播的用户。
采取低价引流、提供新客专属福利等管理方法。
(4)平台新手用户。
采取向其展示主播的专业性、加强消费引导、增强互动性等方法。

2.加强用户互动。
定期与用户进行互动,采用"××话题讨论""不定时发红包""抽奖"等活动,保持用户的期待感,降低流失率,提高参与感,将用户沉淀到主播或商家的私域流量池内。

3.提升用户体验。
直播时,增加用户归属感,巧用直播话术拉近与用户的距离,如"欢迎×××进入直播间""关注主播,加入粉丝团,领取宠粉专属福利"等,使用户觉得自己获得了超出预期的价值。

4.分享专属信息。
在将直播用户转到私域流量池后,可以定期发布一些外部无法第一时间获取的最新资讯,如爆款产品提前购、专属折扣链接、新品打折链接等专属信息,从而提高用户的忠诚度。

四、提高用户黏性

1.树立正面积极的形象。
直播过程中被引流到私域流量池的用户、主播或商家通过打造一个乐观有趣、积极向上的正面形象,可以增加用户对主播或商家的亲近感和信任感。

2.持续输出优质的内容。
直播结束后,针对用户应输出实用性的优质内容代替卖货信息,从而提升用户的好感度。

3.保持持续互动。
直播结束结束,主播和直播间会积累一定数量的关注用户,为防止用户流失,要对用户进行定期维护和运营,通过持续的交流和专属粉丝活动,实现"普通粉丝"向"忠实粉丝"的转变。

五、管理用户生命周期

用户生命周期分为引入期、成长期、成熟期、休眠期、流失期,根据用户处在不同的生命周期阶段,开展不同的管理方法。

1.新手用户。处在引入期阶段,根据用户属性,推荐一些用户感兴趣的内容。

2.成长用户。用户从了解直播到熟悉直播的过程。针对已完成转化的新用户、下单未转化新用户、无动作新用户等分场景管理,从用户角度出发,分析未活跃原因,结合业务针对性地做运营动作及方案。

3. 成熟用户。处于活跃、对直播贡献最大的阶段,需要采取管理方法来延长用户的成熟期。

4. 休眠用户。处在休眠期,可以通过推送一些感兴趣的内容,重新激活。

5. 流失用户。对于已经流失的用户,需要采取相应措施进行流失用户召回。

六、用户管理的注意事项

1. 谨防数据陷阱。数据是显性的表象,用户行为是隐形表象。数据并不代表真实,数据代表的是已经发生的事的表象。

2. 用户管理过程中,要注意核心目标是什么,不要盲目地为了做活动而做活动,为了沟通而沟通,为了做私域而做私域。用户价值感知和设计出来的价值有巨大的落差。

执行部门		监督部门		编修部门	
执行责任人		监督责任人		编修责任人	

3.2.4 制订提升用户购买率计划

直播销售作为一种新型营销模式,面临着用户黏性问题。为了进一步提高直播销售的实际转化率,提升用户购买率,互联网营销人员应制订相应计划,持续吸引用户,将流量转变为现实购买力。

下面是一个关于直播销售用户购买率的提升计划,以供参考。

计划名称	提升用户购买率计划	编　号	
		受控状态	

一、计划实施目标

通过实施本计划,提升用户购买率,将用户流量真正转变为买家,从而创造价值。

二、计划实施时间

××××年××月××日～××××年××月××日。

三、提高用户购买率的策略

1. 观看人数提升策略

(1)开播前宣传

直播前将直播平台、房间号、选品信息与直播计划等内容材料制作宣传海报、短视频或文本内容,在各大平台提前宣传,保证开播前被足够多的目标人群关注。

(2)开播中人数的增长与维持

① 在开播中鼓励分享,主播要利用自身号召力与互动福利鼓励用户在微信、QQ等社交流量通道分享,快速拉人围观。

② 直播过程中主播要保持饱满的情绪,不定时进行惊喜放送,通过情绪调动、有奖互动等方式使观众长时间留下。

③ 开播后私域流量的维护。在开播中主播要鼓励或引导观众加好友或者福利群,为下一次的开播奠定基础,避免"吸粉"精力、费用的重复投入。

④ 惊喜预告

在本场直播结束时,预告下场直播的一些惊喜环节,可以吸引已观看人群下次再主动观看直播。

⑤ 支持产品分享领券、分享砍价等裂变运营,通过产品快速裂变用户数。

2. 转化率提升策略

用户在平台中浏览、下单、支付路径中的转化率是用户在平台中获取的信息完善程度与信任度的决策结果,用户在平台中获取信息越完善、信任度越强,转化意愿也就越高。转化率的提升策略从以下三个方面着手。

(1) 产品详情页转化率提升策略

① 简化购买流程。用户可以直接从产品列表页选择产品规格、数量,无须跳转详情页,直接购买下单支付。

② 优惠限时刺激。产品列表展示正常价格与直播渠道专属价格,并且优惠价格限时生效,运用倒计时刺激用户点击购买。

③ 产品低价限量刺激。产品列表展示直播渠道低价或专属价产品库存数量进行展示,给用户紧迫感,进行转化。

④ 制定商户管理等级。通过商户销量、用户评价、服务划分商户等级,帮助用户筛选高质量商家与产品。

(2) 下单转化率提升策略

① 保持产品设计的一致性,将产品列表页面信息在产品详情页展示。

② 制造优惠惊喜。展示独有的直播频道领券入口,通过附加优惠刺激用户转化。

③ 展示物流信息。展示产品发货地、物流公司、到货时间等,通过辅助信息增强用户下单决心。

④ 服务保障。通过完善的退、换、赔服务减少用户决策的犹豫点。

⑤ 正品保障。平台背书,加强用户对产品质量的信任,尤其是高价产品要加强信任转化。

(3) 支付成功率提升策略

① 满足用户多种交易支付诉求。支持支付宝、微信、云闪付等第三方支付方式。

② 优惠利益驱动。支付方式上增加第三方支付优惠活动,加大用户支付行动意愿,并在支付方式上新增支付返现、抽奖活动标识,鼓励用户支付成功。

③ 减少用户经济压力的影响因素。支持花呗、信用卡、白条等分期方式。

④ 降低用户支付时密码验证失败率。接入第三方支付的小额免密服务。

⑤ 降低用户的交互难度。针对新用户收货地址支持定位快速获取,减少用户手动输入。

⑥ 退出挽留。在订单确认页放弃支付返回时,弹窗挽留(例如提示:您确定要放弃本次的优惠支付吗?)。

3. 客单价提升策略

（1）捆绑销售

通过套餐捆绑，增加产品量来提升产品价格，例如买一送一、第二件1元等。

（2）多产品合并支付

发放满减券优惠券或订单金额达到一定金额赠送产品，用户需要增加交易订单价格来享受优惠。

四、提升用户购买率的保障

1. 保证产品质量
2. 提升服务质量
3. 提升产品的用户体验
4. 产品吸引用户购买的核心卖点独特

执行部门		监督部门		编修部门	
执行责任人		监督责任人		编修责任人	

3.3 直播宣传

3.3.1 建立第三方宣传供应商资源库

随着宣传形式和宣传渠道的日益增多，建立第三方宣传供应商资源库可以快速帮助商家选择合适的合作对象，提高宣传工作的效率。

（1）确定第三方宣传供应商的构成

第三方宣传供应商即为企业提供营销宣传服务的供应商。根据直播营销的宣传需求，第三方宣传供应商应包括视频制作、视频配音、创意策划、软文投放、媒介传播、自媒体发稿、内容策划、搜索引擎优化、宣传平台等企业。

（2）确定建设第三方供应商资源库的目的

① 宣传合作的采购招标工作需要建立资源库以供查询和使用。

② 科学有效地管理第三方宣传供应商，提高宣传的工作效率。

（3）确定纳入第三方宣传资源库的步骤

纳入第三方宣传资源库的步骤如图3-3所示。

步骤1 收集供应商资料	步骤2 审查供应商资格	步骤3 供应商评价	步骤4 纳入供应商资源库
对正在合作的、拟选择合作的以及未来有可能合作的第三方供应商进行资料收集	对拟列入资源库的供应商进行资格审查	对供应商进行评价，主要从价格、服务质量、按时完成率等维度进行	将通过资格审查的供应商纳入第三方宣传供应商资源库

图 3-3　纳入第三方宣传资源库的步骤

（4）建立第三方宣传供应商资源库

① 供应商基本信息录入。主要包括公司的营业执照、资质、联系方式、地址、宣传供应服务品类、价格及其他信息。

② 供应商分类。根据供应商的公司性质、供应商的来源、供应商提供的宣传服务品类对供应商进行基础分类。例如，按照供应商提供的服务可分为视频制作、宣传渠道、广告投放、搜索引擎优化等；按照供应商信息来源可分为现在合作或曾经合作过的供应商，也可以是询价得来的备选供应商等。

③ 供应商的筛选与评级。为了更好地满足宣传需求，资源库内可以针对所有供应商进行综合评价。可划分为优质供应商、合格供应商、备选供应商和不合格供应商。

3.3.2　搜集产品图文素材

搜集优质的产品素材，可以更好地给用户展示产品的功能、样式和完整性，有助于更好地进行宣传引流，互联网营销人员可从以下渠道搜集产品图文素材。具体如表 3-6 所示。

表 3-6　产品图文搜集渠道

图文搜集渠道	具体说明
专业的图文素材网站	可以在觅知网、包图网、摄图网、汇图网、素材中国、站酷网、Pixabay 等专业的图文素材网站通过搜索关键词的方式进行搜集，素材使用过程中要注意取得商业使用权限，避免侵权问题
学习和借鉴同行业的账号	学习和借鉴同行业或同品类做得较好的账号，深入了解平台同类产品的图文设计风格，将同类产品图片提取保存到电脑，方便后期参考

续表

图文搜集渠道	具体说明
垂直领域APP	在手机应用市场里面会有大量的、垂直领域的一些APP。可以根据品类关键词如美妆、护肤等，查找相关APP下载并进行素材搜集
优质直播引流素材库	利用优质直播引流素材库的素材查找功能，可以精准锁定海量优质素材，找出竞品或行业佼佼者的优秀素材范本
搜索引擎	通过搜索引擎搜集图文素材，如果看到图片引流，还可点击链接跳转查看，以此获取更多相关资讯

3.3.3 制定产品专属宣传素材

产品图文素材搜集整理完成后，下一步就是根据产品的宣传要求制定专属宣传素材。专属宣传素材的制定可以选择外包或者自己设计的方式。无论是外包还是自己设计，都应充分掌握以下技巧。根据不同的产品运用不同的制作技巧，进行宣传引流。

① 突出主题。产品专属素材的制作应强化产品宣传主题，例如，主题为"暖心助农"的直播活动可以用一个农民正拿着储存压力大的产品，让人看了很心酸的素材。

② 软性营销素材。通过提炼品牌核心优势和文化理念，针对目标人群、营销目标、竞争对手、市场环境，策划包装出品牌故事或营销软文。

③ 素材时长遵循短小精悍原则。可以通过制作不同时长的宣传短视频进行推送，通过多个不同时长视频的播放量、浏览量来确定最佳时长，集中在8～30秒即可。

④ 素材风格遵循鲜明简洁原则，应用暖色调加对比鲜明的风格，让整个素材看起来融合、整洁。

3.3.4 多渠道进行宣传预热

宣传预热的渠道很多，选择正确的宣传预热渠道，获得更多消费者的关注，直接影响到产品直播的销售数据。宣传预热的渠道及选择依据具体内容如下。

（1）确定预热渠道

① 线下预热。直播开播前可以通过不同的方式对直播进行宣传预热，大型的直播场次，可以进行线下广告投放，如公交站、地铁站、地标建筑等人流量较多的场所的大屏。

② 线上预热。线上预热可分为站内预热和站外预热。

a. 站内预热。

站内可以在前次直播结束前预告下次直播时间、促销产品以及粉丝福利等能够吸引用户守候开播的关键内容。

在站内发布预热视频，通过公域流量的推荐机制来获取流量，完成站内流量引导。

大型场次的直播，可以使用开屏广告、弹窗广告等商业化广告位置，吸引用户进入直播间。

b. 站外预热。

除此之外，也可在其他社交平台进行直播预告，例如在微博、微信公众号、会员社群等渠道分享直播预告内容，并通过福利、红包等方式，激活粉丝的参与度。

（2）选择预热渠道

宣传预热渠道的选择可根据直播产品定位、直播场次的规模、直播平台等内容选择不同的预热渠道。

预热渠道选择的依据又可参考以下三个方面。

① 以用户为选择依据。对目标用户进行深入研究，锁定目标用户的活跃平台，围绕用户的选择来选择预热的渠道。

② 以产品为选择依据。产品是推广的核心内容，因此应根据自身产品/品牌的定位，选出来合适的预热渠道，再进行精细化运营。

③ 以表现形式为选择依据。每一个渠道都有其独特的属性，这个属性决定了在该渠道上推广的调性。不同的公域流量平台，其表现形式也不同，因此，应根据表现形式选择合适的预热渠道，做到有的放矢。

3.3.5 选择合适的宣传方式

直播运营过程中，宣传引流的方式有很多种，只有选择合适的宣传方式才能起到事半功倍的效果，宣传方式的具体内容如表 3-7 所示。

表 3-7 宣传方式说明

宣传方式	具体内容	适用场景
硬广告宣传	是指直接介绍商品、服务内容的传统广告宣传形式。例如电视广告、杂志广告、海报、网页弹窗等	适用于宣传周期较长，规模较大的直播营销活动

续表

宣传方式	具体内容	适用场景
软文推广宣传	指通过间接的方式进行宣传推广,相较于硬广告更容易被目标受众接受	既可用于大型直播活动,也可用于日常直播活动的宣传
视频宣传	指通过分享各种实用的内容引起目标受众的兴趣,进而产生联系的引流方式	既可用于大型直播活动,也可用于日常直播活动的宣传
直播平台宣传	指通过各大直播平台的"推送"或"提醒"功能,将直播消息推送给关注主播的粉丝,达到提前预热吸引更多关注的目的	适用于日常直播活动的宣传
社区问答软件宣传	利用贴吧、论坛等社区平台进行引流也是一种常用的宣传推广方式,主播可以通过这些平台选择相关的问题进行回答,然后在答案中巧妙地留下联系方式或直播链接	既可用于大型直播活动,也可用于日常直播活动的宣传

3.3.6 制定宣传数据监控方案

宣传活动中最重要的就是宣传所产生的效果,因此对宣传数据进行监测和评估是实施营销策略的基本依据。宣传数据的监控不仅能对公司的营销活动作出客观的评价,也能对公司以后的营销推广起到有效的指导意义。以下是一则宣传数据监控方案。

方案名称	宣传数据监控方案	编　号	
		受控状态	

一、方案规划
(一)监控目的说明
对直播营销的宣传数据进行监控,主要是为了实现以下三个目的。
1.对营销宣传效果作出客观评价,衡量本次营销宣传的真实效果。
2.通过对营销宣传投放效果、咨询率、转化率等过程指标的实时监控,及时调整宣传方案,以达到宣传的最终目标。
3.为公司后期营销宣传方案的制定和调整提供指导,提高公司的营销宣传效益。
(二)监控范围说明
本方案主要监控公司的宣传数据,包括以下五个方面。

1. 营销宣传的广告投放渠道效果。

2. 宣传推广的表现形式。

3. 活动流量构成及来源。

4. 到访目标用户及后续购买行为分析。

5. 目标用户对营销产品的访问和购买偏好等。

二、明确宣传目标

围绕直播销售目标制定宣传目标，根据宣传目标对营销推广进行数据监控，开展营销效果监测溯源。

三、监控宣传数据

（一）监控数据

1. 基本数据。

最基本的监测数据包括广告曝光次数、广告单击次数、广告页面停留时间。

2. 网站数据。

主要监测通过广告带来的 IP 数或独立访客，以及这些 IP 所产生的页面浏览量（Page View，PV）、网站注册量等。

3. 销售数据。

监测广告带来的用户咨询量、用户成交数量、总的销售额和毛利润。

4. 转化率。

体现转化率的数据如下。

① 点击率：广告曝光数除以广告单击数。点击率越高，证明广告效果越好。

② 咨询率：咨询量除以 IP 数。

③ 成交率：成交数除以咨询数。

④ 注册率：注册用户数除以 IP 数。

⑤ 用户成本：广告投放费用除以带来的用户数。

（二）监控周期

1. 实时数据监测。以天为单位进行统计。

2. 营销推广数据分析。以一场直播活动周期为单位，进行统计分析。

（三）监控方法

1. 关键词监控法。通过搜索引擎投放的广告，可以通过关键词来对宣传效果进行分析，建立相应的关键词推广效果表格。

2. 咨询信息法。通过对产生咨询或购买行为的用户发放调查问卷的形式，了解用户的信息获得渠道。通过咨询信息法对宣传进行数据监控，及时作出相应的调整。

3. 统计法。运用统计学原理，计算宣传投放费用与销售数据的比率，监控宣传效果。

4. 检查表监控法。将对宣传过程中的广告表现形式的喜爱程度、对宣传投放的重点认识程度、对活动流量的来源与构成和对到访目标用户及后续购买行为等建立表格，逐一对比分析。

四、监控宣传渠道

对于每个宣传渠道的获客与投入成本进行数据监控和分析,选择合理的投放渠道,控制投入成本,有效挖掘潜在用户。对投入高效益低的宣传渠道应及时调整宣传策略或放弃该宣传渠道。

五、监控数据的分析与运用

1. 调整广告的投放及广告诉求。若宣传效果不佳,则要考虑调整宣传投放媒体及时段;若购买率较低,则调整广告诉求和宣传投放形式,以刺激大量购买。

2. 对产品购买率较低的宣传数据,考虑改进产品宣传的核心利益点,并探求消费者不愿购买的原因。

3. 分析宣传转化构成,即分析哪些宣传方式转换率较高、哪些宣传方式转换率较低,分析其中原因,提出针对低转换率的宣传策略。

执行部门		监督部门		编修部门	
执行责任人		监督责任人		编修责任人	

3.4 直播预演

3.4.1 编写直播脚本

一份高质量的直播脚本,就是提前把直播时间、直播地点、产品讲解、上架顺序、直播抽奖等各个环节进行安排,帮助梳理直播流程、管理主播话术、把控好直播节奏,以达到直播的预期效果。

(1)了解直播脚本的分类

直播脚本主要分为两类,即单品脚本和整场脚本。

① 单品脚本。单品脚本,即以产品为对象,包含产品说明、品牌介绍、功能展示、引导转化、直播间注意点等内容的脚本。

一次常规的直播活动,主播会推荐多种产品,其中每一款产品都应有对应的单品脚本,以表格的形式,明确产品卖点及优惠活动,可以避免主播在介绍产品时手忙脚乱、混淆不清。

② 整场脚本。整场脚本是以整场直播为单位,规范正常的直播节奏和内容。重点在对直播流程的规划和安排以及直播节奏的把控。

（2）制定直播脚本要点

了解直播脚本的编写要点，有助于互联网营销人员快速编写一份详细、具体的直播脚本，直播脚本的要点如表3-8所示。

表3-8 直播脚本的要点

直播脚本要点	具体说明
直播主题	从用户需求出发，明确直播的主题
直播目标	明确直播的目标，如积累用户，提升用户进店率或宣传新品
主播介绍	介绍主播、副播的名字、身份等
直播时间	明确直播开始和结束时间
注意事项	说明直播中需要注意的事项
人员安排	明确参与直播活动的人员职责，如主播负责引导关注、讲解产品、解释活动规则等，副播负责互动、回答问题、发放优惠券等，场控负责产品价格修改、上下架、控制产品库存等
直播的流程细节	直播的流程要非常具体。详细地说明开播预热、产品介绍、优惠信息、用户互动等各个环节的具体内容

（3）掌握直播脚本的编写技巧

① 以周为单位编写直播脚本。以一周为单位编写直播脚本，可以更好地把控时间节奏，减少互联网营销人员的工作量，提高直播的工作衔接，也方便阶段性总结。

② 设计周期性活动。在直播活动中设计一些周期性的活动，如每周三的1元秒杀，每周二、周六的新品五折，一周一次的产品周边赠送，可以让用户加深印象。

③ 产品要点提炼整理。通过团队协助，互联网营销人员将产品要点提炼并整理成册，不断完善补充，帮助主播快速了解产品。

（4）直播脚本具体范例

下面分别以单品脚本和整场脚本为具体范例进行展示。

① 单品脚本范例。A品牌空气炸锅单品脚本具体如表3-9所示。

表 3-9　A 品牌空气炸锅单品脚本

项目	产品宣传要点	具体内容
品牌介绍	品牌理念	A 品牌以向客户提供精致、创意、健康的小家电产品为己任,主张多样的生活体验丰富人生,选择 A 品牌不只是选择一个产品,更是选择一种独特的生活方式
产品卖点	满足不同需求	可以满足炸、烤、煎等多种烹饪需求
产品卖点	轻奢风设计感	① 外观设计简洁、大方,有霜白色、高级黑、水墨绿三种颜色 ② 使用方式简单,容量适当,适合 1~2 人使用 ③ 锅体有不粘涂层,清洗简单,满足单身人士不愿意洗太多厨具的要求
直播利益点	促销优惠政策提前享受	今天直播间内购买此款产品可享受与"××"大促活动同等价格,并且不用等待,马上就可以用上,保价"××"大促价格
直播时的注意事项		① 在直播进行时,直播间界面显示"点赞、关注、参与抽奖"字样 ② 引导用户分享直播间、点赞、互动等 ③ 引导用户加入会员

② 整场脚本范例具体如表 3-10 所示。

表 3-10　整场脚本范例

项目	具体内容
直播主题	护肤"焕新"季,换我来宠你
直播目标	用户观看目标:吸引至少 10 万用户同时在线观看 销售目标:从直播开始至结束,直播中推荐的 3 款主打产品销量突破 2 万件
主播、副播	主播××,美妆博主;副播××,品牌负责人
直播时间	××××年××月××日 20:00~23:00
注意事项	① 合理把控产品讲解节奏 ② 适当增加产品效果的讲解时间 ③ 注意对用户提问的回复,多互动,避免冷场

直播流程				
时间段	流程安排	人员分工		
		主播	副播	场控/客服
20:00~20:10	开场预热	暖场互动,介绍点击关注直播间,并将"抽奖"打在公屏上,说明参与抽奖活动的规则,引导用户关注直播间	演示参与抽奖方法,读取用户留言,回复用户问题	向粉丝推送开播通知,收集中奖信息
20:10~20:20	活动剧透	主播介绍护肤小技巧,不断预告。观看人数达到10万人以后,直播间将会超低价秒杀一款面膜产品,吸引用户在直播间停留	补充主播遗漏内容	向粉丝群推送本场直播活动
20:20~20:50	产品讲解	分享换季时的护肤注意事项,讲解第一款主推产品,并告知关注主播后参与截屏抽奖可以获得1盒面膜	配合主播演示产品使用方法和使用效果,引导用户下单	在直播间添加产品链接,回复用户关于订单的问题
20:50~21:10	互动	为用户答疑解惑	引导用户参与活动	收集互动信息
21:10~21:40	产品讲解	分享换季时的护肤补水技巧,并讲解第二款主推产品	配合主播演示产品使用方法和使用效果,引导用户下单	在直播间添加产品链接,回复用户关于订单的问题
21:40~21:50	福利放送	向用户介绍抽奖规则,补充说明购买第二款主推产品的用户可参加免单抽奖,继续引导用户参与抽奖、下单	演示参与抽奖的方法:下单购买第二款主推产品的用户将下单信息发送至客服即可参与抽奖	收集抽奖信息

续表

		直播流程		
时间段	流程安排	人员分工		
		主播	副播	场控/客服
21:50~22:20	产品讲解	讲解试用第三款产品,介绍产品的使用功效,讲解产品美白淡斑的核心技术	配合主播演示产品使用方法和使用效果,引导用户下单	在直播间添加产品链接,回复用户关于订单的问题
22:20~22:50	产品返场	对三款主推产品进行返场讲解	配合主播讲解,回复用户问题	回复用户关于订单的问题
22:50~23:00	直播预告	预告下一场直播的时间、福利、直播产品等	引导用户关注直播间	回复用户关于订单的问题

3.4.2 制定直播彩排方案

虽然已经对直播进行了详细的规划,但有些规划与直播可能会产生冲突,而彩排可以将直播过程中可能存在的问题暴露出来。另外,彩排还可以让互联网营销人员对自己的工作职责有更明确的认识。以下是一则直播彩排方案。

方案名称	直播彩排方案	编　号	
		受控状态	

一、彩排目的
通过直播活动的彩排,加深互联网营销人员对直播流程、直播产品、产品价格、直播优惠政策、产品上架顺序等内容记忆,熟悉流程,发现问题并及时调整,避免因个人失误发生重大直播事故。
二、彩排地点
公司××号直播间。
三、彩排时间
××××年××月××日13:00~15:00。
四、参加彩排的相关人员
主要工作人员:直播运营人员,主播,助播,场控,客服/售后等。
后勤保障人员:道具准备人员,摄像人员,灯光调试人员,技术保障人员等。
五、彩排具体流程
1.主播进入直播间。

2. 暖场互动。
3. 产品讲解。
4. 直播优惠政策讲解。
5. 引导下单。
6. 互动秒杀。
7. 直播彩排结束。
8. 彩排复盘。

六、彩排重点

彩排过程中对重点环节进行重点彩排和调试,彩排重点包括产品的出场顺序、产品的介绍试用、直播的优惠政策。

1. 产品的出场顺序。

彩排过程中,对产品的出场顺序不断优化调整,最终确定产品的出场顺序,并在直播过程中严格执行。避免对因没有提前排序导致正式直播过程中产品上架混乱。

2. 产品的介绍试用。

主播应对每个产品的介绍试用做到熟悉、熟知、熟练,并通过不断地彩排加深记忆,避免在正式直播过程中混淆不同产品的介绍试用内容,如衣服试用时要看上身效果,化妆品则需要看使用技巧。

3. 直播的优惠政策。

直播彩排过程中还应对直播优惠政策进行确定,同时,反复熟记直播的优惠政策,避免直播时主播说的优惠政策与用户下单时优惠政策不一致,而降低消费者对直播间的信任。

七、彩排人员安排

直播彩排人员的工作职责如下。

1. 直播运营人员。

(1) 负责直播彩排的统筹工作。

(2) 负责直播彩排参与人员的具体工作分配。

(3) 详细记录问题和解决方案,对直播彩排过程进行复盘,不断细化直播彩排中的每一个细节和问题。

2. 主播。

(1) 负责彩排产品的讲解、展示及直播话术的优化。

(2) 负责对彩排节奏的把控。

(3) 熟悉产品特性、脚本、利益点等。

(4) 对活跃直播间的气氛进行模拟演练。

3. 助播。

(1) 彩排开始前,确认货品、样品以及道具的准备是否妥当。

(2) 彩排开始后配合场控去协调主播,模拟辅助主播在观看人数比较多的时候进行互动答疑、宝贝讲解以及货品整理等工作。

4. 场控。

(1) 彩排前要进行相关的软硬件的调试。

(2) 彩排开始后要负责好中控台所有相关的后台操作,包括直播推送、公告、上架宝贝等。

(3)模拟数据监测,包括实时在线人数峰值、产品点击率等。

5.客服/售后。

(1)负责彩排中模拟解答客户提出的问题,并在模拟解答过程中发现问题,提出解决方案。

(2)负责彩排中模拟与观众、粉丝进行互动。

6.后勤保障人员。

做好直播彩排的后勤保障工作,保障直播彩排网络、技术支持、安保、就餐等基础性工作,为直播彩排顺利进行创造良好条件。

八、彩排要求

1.本次彩排依据正式直播的要求进行。

2.参加直播彩排的相关人员应高度重视本次彩排,若因个人原因导致彩排推迟,根据公司相关制度采取一定的惩罚措施。

3.参加本次直播彩排的相关人员可以对彩排过程提出合理建议。

4.参加本次直播彩排的相关人员应恪守彩排工作规则。

执行部门		监督部门		编修部门	
执行责任人		监督责任人		编修责任人	

3.4.3 直播流程测试

在正式直播前,平台管理员应对直播营销流程进行测试,在测试过程中发现并解决问题,保证直播过程的衔接流畅。直播流程测试的重点内容如下。

① 直播前测试账号,能否正常看到直播画面。

② 测试进入直播间的速度。查看进入直播间的流畅性、加载速度及其卡顿情况。

③ 测试直播网速是否达标,画面有无卡顿。对于直播,要求延迟在3秒内,最好是1秒内。

④ 测试直播间需要用到的功能,能否正常使用。

⑤ 测试主播说话音量,播放背景音乐是否正常。

⑥ 测试直播间弹幕能否正常展示和回复。

⑦ 测试直播间产品能否正常上下架和改价。

⑧ 如直播过程需要连麦,测试双方能否正常交流,双方画面和音量是否正常。

⑨ 直播过程中,横屏、竖屏、互动、评价等是否正常。

⑩ 直播过程中退出、进入等是否正常。

3.4.4 组织团队直播预演

为了提升正式直播时的流畅度，直播话术的熟练度，避免出现卡壳、混乱的情况，同时降低正式直播时候的出错率，互联网营销人员可根据直播彩排方案组织团队进行直播预演。

直播预演的步骤如图3-4所示。

步骤1 确定时间	步骤2 搭建预演场景	步骤3 正式预演	步骤4 预演复盘
在正式直播前，协调直播团队人员的预演时间	搭建真实的预演场景，确保预演环境与正式直播环境的一致性	根据彩排方案进行直播预演	直播预演结束后，对预演过程进行复盘，对存在的问题进行调整

图 3-4　直播预演的步骤

3.4.5 调整直播方案

互联网营销人员根据直播彩排、直播流程测试和直播预演等过程，应对直播预演过程中产生的问题进行调整优化，具体调整的思路有以下两个方面。

（1）调整直播场景

包括主播的语速、直播话术、背景墙、封面及标题、产品陈列、背景音乐、直播间贴片、道具、客服、氛围组的调整。

（2）调整直播流程

① 直播网络。优化网络中断、卡屏、黑屏等问题，提升用户体验。

② 直播镜头角度。根据直播预演的情况，调整镜头角度，例如主播与镜头的距离，产品展示时的镜头距离。

③ 产品过品时间。严格控制产品过品时间，按照正常顺序过品，全部品种快速准确地过一遍之后，根据用户想要重点看的品种，马上响应，跟进促单转化话术。

④ 配合问题。主播与直播运营人员的配合调整，直播运营人员在对直播过程进行把控的同时，应配合主播顺利完成直播活动，不能随意打断主播的直播节奏，如需要提醒，应私下沟通。

3.5 直播销售

3.5.1 展示销售产品

直播营销过程中,如何展示产品,增加产品的曝光率和产品卖点,延长用户的停留时间,促进销售转化,是营销工作的重要环节。常见的产品展示方法有主播展示法和后台展示法,具体内容如表3-11所示。

表3-11 产品展示方法表

展示方法	具体内容
主播展示法	◆ 通过主播的讲解,引发观众的兴趣,延长观众的停留时间。主播在直播过程中对产品的性能、使用体验、价格进行展示,使产品生动、形象,更具有吸引力,引导观众下单购买 ◆ 适用情形:主播展示法适用于直播间内主推产品或爆款产品的展示
后台展示法	◆ 主播利用直播后台,通过动态弹窗的形式吸引观众注意力,或者对产品进行编号排序,观众自行查看展示的产品,增加产品的曝光率,提高产品的卖点,增加产品的销售量 ◆ 适用情形:后台展示法适用于直播间产品较多、主播讲解的时间较短的产品展示

3.5.2 介绍销售产品

直播营销过程中,如何介绍产品吸引用户的注意力、如何引导用户下单,是营销工作的重中之重。

(1)产品介绍方法

销售产品的介绍方法主要有产品效果介绍法、产品对比介绍法和产品外观介绍法,具体内容如表3-12所示。

表3-12 产品介绍方法表

介绍方法	具体内容
产品效果介绍法	◆ 产品效果介绍法是指向用户介绍产品的使用效果,直观地向用户介绍要营销的产品,效果明显 ◆ 产品效果介绍法适用于美妆类、服装类、饰品类产品的介绍

续表

介绍方法	具体内容
产品对比介绍法	◆ 产品对比介绍法是指通过产品的对比,比较出产品的不同之处,加深用户对产品的印象,突出产品的优势 ◆ 产品对比介绍法适用于生活类产品的介绍
产品外观介绍法	◆ 产品外观介绍法是指通过介绍产品的外观,吸引用户的注意力,加深用户的印象,促使用户下单购买 ◆ 产品外观介绍法适用于礼品类、生活类产品的介绍

（2）产品介绍话术

表3-13是利用产品效果介绍法介绍销售产品的一个示范,介绍的产品是男士护肤品。通过主播的销售话术,介绍产品的特性、突出特点、使用方法、优惠信息等,激发用户的购买欲。

表3-13 产品介绍话术表

男士护肤产品介绍示范	
开场预热	哈喽,大家晚上好,这里是由×××打造的×××男士护肤品直播间,我是×××主播,欢迎大家来到我的直播间,新来的人们记得点击右上角的关注按钮,关注主播获得更多福利优惠
引入话题	◆ 最近看到周围的很多男士们都开始关注护肤了,大家都越来越精致了,今天我们直播间就推出了几款男士专用的护肤品,适合男士们进行基础的护肤。直播过程中会不定时发放红包,大家千万不要错过啊 ◆ 很多男士们觉得护肤麻烦并且不知道如何护肤,今天主播就来介绍一下男士的护肤步骤。为了让大家对护肤步骤有更深刻的了解,我们按照护肤的步骤介绍一下我们今天的产品
介绍产品（洗面奶）	◆ 护肤的第一个步骤当然是洁面,那么主播就给大家介绍一下这款×××洗面奶。这是一款男士专用洗面奶,特别适合脸上爱出油的男士 ◆ 大家看一下这个洗面奶,它是玻璃瓶身,只要轻轻按一下（展示动作）,就可以按出适量的产品,轻轻搓揉可以出现大量的泡沫。这款洗面奶可以深入毛孔深度清洁,它含有××、××成分,温和不刺激,××小时持久控油 ◆ 咱们这款洗面奶的价钱也是非常便宜的,原价169元,现在直播间有优惠,只要99元就可以买到手,买两瓶的话还可以使用咱们这个满188元减20元的优惠券,大家走过路过不要错过 ◆ 下面跟大家说一下这款洗面奶的使用步骤。按压适量的洗面奶到手掌心,轻轻揉出泡沫,将泡沫均匀涂抹于面部并轻轻地打圈,持续××秒后用清水将泡沫冲洗干净即可

续表

	男士护肤产品介绍示范
介绍产品 （乳液）	◆ 护肤的第二个步骤是涂乳液，今天直播间给大家带来一款非常好用的乳液——×××水润保湿乳液 ◆ 它非常适合皮肤干燥的男士，能解决皮肤泛红、紧绷、外干内油、缺乏弹性、毛孔粗大、暗沉、粗糙等问题，是×××强力推荐使用的产品 ◆ 大家看一下它的保湿效果（将乳液挤到手上），轻轻地把这个乳液涂抹开，能看到它被皮肤快速地吸收并且轻薄不黏腻，这款乳液包含×××成分，能够帮助皮肤深度锁水，强效保湿 ◆ 现在这款乳液也在活动中，原价 230 元，在直播间下单购买的，只要 189 元就可以买回家，使用直播间的优惠券大家还可以减掉 20 元，大家心动不如行动啊，赶快下单购买吧 ◆ 下面跟大家说一下这款乳液的使用步骤，轻旋瓶盖，按压顶部，取出适量乳液，均匀地涂抹在脸上
介绍产品 （防晒）	◆ 护肤当然不能忘记最重要的一步，那就是防晒，这款×××防晒能有效解决男士的肌肤暗沉问题，消除暗沉，改善肌肤，保持水分，使皮肤洁白透亮 ◆ 它的防晒指数是 SPF30＋，PA＋＋＋，咱们户外运动或者是外出旅游，可以直接使用这款防晒，它能有效地避免咱们的皮肤被晒黑或者晒伤，防晒效果很好 ◆ 现在购买这款防晒，只要 59 元，原价 89 元的，现在只要 59 元。现在直播间搞活动，在直播间购买此防晒就能立刻享受到这个优惠价格，大家有需要的抓紧下单吧，男士们可以提前为夏天的到来做好防晒准备，女士们也可以为家里的男士们购买此产品，大家走过路过不要错过啊 ◆ 下面跟大家说一下这款防晒的使用步骤。先摇晃，挤出防晒液，再涂，最后拍打深入肌肤。防晒一定要在出门前 30 分钟内涂抹
结束语	◆ 好了，今天的直播活动到这里就要结束了，不知道大家有没有掌握护肤技巧呢 ◆ 感谢大家观看我们的直播，如果大家喜欢直播间内的任意一款产品，可以点击产品链接加入购物车购买。最重要的是，不要忘记持续关注我们哦，之后会有更多产品优惠等着大家

3.5.3　介绍平台优惠及产品折扣信息

为了提高产品的销售数量，可设置不同的优惠或折扣信息，用户观看直播，很大程度上会被直播间的优惠信息和产品的折扣信息所吸引，进而浏览或者购买直播间的产品。

平台优惠及产品折扣信息常见的表现形式如表 3-14 所示。

表 3-14　平台优惠及产品折扣的表现形式

优惠分类	表现形式
平台优惠	◆ 平台抽奖。用户通过平台推送的抽奖活动,抽取不同的优惠 ◆ 发放优惠券。用户可在平台领取不同面额的优惠券,用于产品购买 ◆ 买完返利。用户可在确认收货后,获取平台返利 ◆ VIP 特权。用户成为平台 VIP 后,享有相应的优惠
产品优惠	◆ 价格折扣。用户购买 2 件 95 折,4 件 9 折,6 件 85 折 ◆ 买一送一。用户购买一件产品,会收到两件相同的产品 ◆ 发放赠品。用户购买一件产品即赠送若干产品小样 ◆ 一次性满减优惠。满 500 元减 100 元 ◆ 满减优惠。每满 200 元减 20 元 ◆ 产品秒杀。用户可使用较低的价格购买某一款产品

介绍平台优惠及产品折扣信息的方式有 3 种,分别为直播开场告知、直播中告知和直播结束预告,具体如表 3-15 所示。

表 3-15　优惠及折扣的介绍方式表

介绍方式	具体内容
直播开场告知	在直播开场时向用户告知平台优惠及产品折扣信息,吸引用户的兴趣,维持住直播间的流量,并且吸引更多的用户来观看直播
直播中告知	在直播过程中为避免用户流失或者吸引更多的用户进入直播间,可在直播的过程中向用户告知平台优惠及产品折扣信息,给用户带来惊喜,增加与用户的互动效果,营造更好的直播氛围
直播结束预告	在整场直播即将结束的时候向用户告知下场直播的新款产品、开播时间以及平台优惠和产品折扣信息,激发用户的好奇心,推动用户关注直播活动并帮助转发,获得更多的关注和流量

3.5.4　引导用户下单

直播最重要的环节便是引导用户下单购买直播间的产品,将直播间的流量变现,提高营销总额。主播在直播过程中主要通过如表 3-16 所示的 6 种方式引导用户下单购买产品。

表 3-16　引导用户下单方式表

引导方式	具体内容
提出关键点	在介绍产品前,结合消费需求,直面用户的痛点或关键点,达到与用户的共鸣,给用户一个消费的动机或理由,使用户觉得介绍的产品是必需品,必须购买来解决自己的问题
突出产品优势	◆ 在介绍产品时,要介绍产品的关键特性和突出优势 ◆ 介绍产品时还可以强调产品的品牌,增强用户的认可度和信任度
进行价格比对	◆ 在直播前,提前做好产品价格信息对比,在直播过程中向用户展示价格信息对比结果,促使用户对产品产生更多关注和兴趣 ◆ 在直播时推出产品优惠或折扣福利,使用户在价格上产生优惠心理,获得极大的购物满足感
进行实时互动	在直播过程中要时时与直播间的用户进行互动,避免用户的流失。可通过发红包、抢优惠券等活动留住用户,或者与用户就热门话题进行讨论,增加用户的参与度,活跃直播间的氛围
使用营销策略	◆ 现身说法策略。主播使用某种产品产生良好效果的事实作为案例,向其他用户进行宣传,刺激用户的购买欲望 ◆ 饥饿营销。主播在销售产品过程中要让用户感觉到产品是稀缺的、有限的,激发用户的购买欲,然后再逐步上架产品
引导下单	在直播间长时间逗留的用户大部分是对产品感兴趣的,只是还有一些犹豫,主播要运用话术,引导用户下单

3.5.5　调动直播间气氛

直播过程中,良好的直播氛围能调动直播间的积极性和购买欲,气氛沉闷、冷场的直播间会消耗流量,因此主播要加强与用户的互动,营造出良好的直播间氛围。

（1）氛围调动方法

常见的调动氛围的方式有以下 4 种,具体如表 3-17 所示。

表 3-17　调动直播间气氛方式表

调动方式	具体内容
亲切互动	◆ 主播在用户进入直播间后,与用户进行亲切的问候或者打招呼,展示出乐观开朗、阳光向上的一面 ◆ 主播与用户可就热点话题进行探讨,吸引用户眼球,提高用户的参与程度,带动用户活跃气氛

续表

调动方式	具体内容
准备节目	新手主播在直播初期,不知道该讲什么,容易造成直播间冷场,可在直播前准备一首比较经典的老歌,一支比较火的舞蹈,或者其他特长来活跃直播间的氛围,缓解尴尬的气氛
抽奖活动	主播在开场时让进入直播间的用户了解直播的产品和直播流程,除产品介绍环节外,还可以增加抽奖和发红包活动,让用户在直播间停留的时间更久,等待自己感兴趣的直播环节
邀请名人	邀请名人与主播一起进行直播。提前向用户预告直播时间和参与直播人员,吸引更多的用户关注和转发,吸引更多的流量,增加观看人数。直播过程中,与名人进行多方面互动,引起用户兴趣,发送评论,营造活跃气氛

(2)氛围调动方案

调动直播间的气氛,把控整场直播,对直播的成功起着至关重要的作用。主播必须掌握直播主动权,积极带动直播间气氛,把控直播间整体节奏,引导直播间的用户下单。以下是直播间气氛调动方案,供主播参考。

方案名称	直播间气氛调动方案	编号	
		受控状态	

一、目的

为更好地调动直播间的气氛,吸引用户注意力,延长用户的停留时间,提高产品的销售量,特制定本方案。

二、适用范围

本方案适用于所有直播销售过程。

三、问题描述

1.直播过程中冷场。主播在长时间的直播过程中,在讲述产品内容后,不知道该继续怎么说,造成直播间气氛冷场,用户流失。

2.直播间没有用户。直播开场时,没有用户进入直播间。直播初期,有少许用户,但在直播过程中,用户停留时间短,人员流动性大,成交率低。

3.直播过程中发生意外状况。直播后台发生其他突发或意外事件,吸引用户注意力,引发用户情绪波动,影响直播氛围。

4.直播间被警告。主播在直播过程中触碰直播底线,被平台管理员警告后会导致直播间被警告,严重的话会导致直播间被封,致使用户大量流失。

四、氛围调动人员分工

1.主播。

(1)负责产品的日常直播,以介绍产品为主,穿插进行用户互动等。

（2）负责调动直播间气氛、介绍促销活动、发放红包等。

2. 副播。

负责协助主播，帮助主播回答用户的问题，与用户进行互动，配合主播调动直播气氛。

3. 场务控制。

负责直播现场气氛营造、特殊情况处理。

五、直播氛围调动实施

1. 回答粉丝问题。

主播时刻关注用户的留言评论，及时回答用户的疑问。当直播间流量较少或者气氛低迷的时候，主播可逐条念出用户的留言并进行作答，拉近与用户的距离，激发用户的互动。

2. 弹幕互动。

主播与用户进行提问式互动，主播可向用户提出问题，让用户在评论区里作答，增加直播间的互动效果，调动直播间氛围。

3. 制造话题。

主播可在直播前准备一些热门话题，比如热门影视剧、微博热搜、热点话题、情感问题等，吸引用户兴趣，激发用户倾诉欲，活跃气氛。

4. 抽奖。

主播在直播间进行抽奖活动，可短时间引入大量用户，参与抽奖活动，既可增加直播间的曝光率，也可以活跃直播间气氛。

5. 发红包。

主播在直播间适当发放优惠券或者专属红包，带动用户的情绪，活跃直播间的气氛，提升直播间的互动率。

6. 连麦。

主播与其他直播间进行连麦，通过连麦进行游戏比赛等互动，吸引更多的用户进入直播间观看并停留在直播间，活跃直播氛围。

7. 产品秒杀。

直播营销员在直播气氛不活跃的时候，可穿插特价产品的秒杀，激发用户的购买欲望，活跃直播间气氛。

六、注意事项

1. 主播在与用户进行互动时，可选择热门话题与用户进行讨论，但是谈论的话题不能违背法律法规、公序良俗、社会道德，不能涉及低俗、赌博、毒品等，要与用户探讨积极向上的话题。

2. 主播在直播互动过程中，对于扰乱直播氛围的用户，要及时进行处理，作出禁言或者踢出直播间的操作，防止进一步破坏直播氛围，影响产品营销。

执行部门		监督部门		编修部门	
执行责任人		监督责任人		编修责任人	

3.5.6 实时调整直播策略

互联网营销人员要结合直播间的情况实时调整直播策略,以便创造更好的直播效果,吸引更多的用户观看直播间。实时调整直播策略的情况有三种,分别为直播人数较少直播冷场、直播人数激增直播火爆和直播出现意外,具体如表 3-18 所示。

表 3-18 直播策略实时调整情况表

调整情况	调整方式
直播人数较少直播冷场	◆ 调动直播间气氛,活跃直播间的用户,激发用户的讨论欲望 ◆ 进行产品秒杀、产品促销活动,激发用户的购买欲,增长停留时间 ◆ 加强直播间的对外宣传,激发关注度和用户的兴趣
直播人数激增直播火爆	◆ 联系品牌商或者供应商加大产品库存和供应能力,保证消费者的需求 ◆ 增加人员维护直播间秩序,帮助主播回答用户的问题 ◆ 适当地营销库存滞销或者价格偏高的产品,清理库存
直播出现意外	对于意外情况,直播营销员要及时作出反应,稳住心态,及时安抚直播间用户的情绪,及时解决发生的问题

第4章

视频创作与推广

4.1 视频创作

4.1.1 进行视频创作设计

视频创作设计是视频创作的基本前提,进行设计的第一步是找准内容定位,其次是确定内容呈现形式。

(1)设计1:找准内容定位

视频创推员应明确视频的内容定位,通过分析感兴趣或擅长的内容,根据兴趣点或擅长点来做选择。常见的视频内容定位有8种,如表4-1所示。

表4-1 内容定位种类

序号	定位	序号	定位
1	影视解说	5	颜值
2	段子剧情	6	知识分享
3	测评推荐	7	游戏美食
4	艺术特长	8	美妆变装

(2)设计2:确定内容呈现形式

在短视频平台盛行的当下,各种视频呈现形式层出不穷,可大致分为三类,分别是实景真人形式、图片形式和动画形式,具体内容如表4-2所示。

表4-2 呈现形式种类

序号	呈现形式		具体内容
1	实景真人形式	个人叙述式	主播个人叙述道理、知识或故事,多用于知识分享类视频
		二人对话式	视频中二人对话,一问一答讲述问题的解决办法,或讲述故事
		剧情式	将故事、做事方法、问题解决方法、道理等用剧情展示出来
2	图片形式		内容图文并茂,采用图片和文字的展现方式,以简洁的文案配合相关的图片制作而成
3	动画形式		通过图形动画或动漫视频的方式来展现,直观地展现出表达内容和目标对象

4.1.2 提炼产品关键词

产品关键词一般包含产品的属性、材质、特点、促销信息等,关键词既要体现产品性,又要体现创新性。优质的关键词可以提高产品曝光率与转化率,产品关键词提炼方法如表4-3所示。

表4-3 产品关键词提炼方法

序号	提炼方法	具体内容
1	使用平台搜索引擎提炼	在平台查找与自己产品相关的最近的热门关键词,也可以在平台的热销产品中查找
2	参考竞争对手关键词 Listing(产品页面)	找到同款产品卖得比较好的竞争对手的 Listing,可能会发现这个产品的另外的一种表达方式,还可以扩展到对手的产品详情描述、Q&A、评论中寻找
3	分析消费者搜索习惯	通过数据统计和用户行为分析,从各种场景分析消费者搜索习惯,敲定长尾关键词,实现关键词精准打击
4	使用关键词工具	常用的关键词工具有 Google Adwords、Keyword Tracker、Keyword Discovery、Keyword Spy

4.1.3 设计视频创意方案

创意没有固定的界限,也没有一个固定的标准,视频创意一般包括表现形式的创意、视觉效果的创意、叙事结构的创意。下面是一则A饮料宣传视频创意方案。

方案名称	A饮料宣传视频创意方案	编号	
		受控状态	

一、任务概述
××有限公司的A饮料,采用传统发酵工艺,以蜂蜜、山楂、谷物、白糖、黑糖为原料,经过乳酸菌、酵母复合发酵酿制成的饮品。A饮料是一款具有地域特色的产品,深受消费者喜爱。为进一步提高销售量,设计宣传视频创意方案,更好地开发这一领域的市场。

二、视频目的
通过视频宣传,在消费者心目中,扩大公司品牌的知名度和好感度,进一步占领市场,实现公司的销售目标。

三、视频主旨
体现A饮料口味独特、价格适中。

四、视频创意

(一)视频创意一:动漫篇

1. 表现形式。

根据瓶身特点设计动漫形象,制作相关的动漫视频和图片,通过动漫形象夸张地表现,在消费者心中树立一个国际化、健康化、清新化、品牌化的饮料形象,以活力、热血的风格表现出来。主要通过视频形式进行设计,具体的视频内容会根据情况调整。

2. 视觉效果。

将视频设置为金色、绿色两大色彩,一是与包装风格相呼应,二是在视觉上给消费者冲击,使消费者记忆深刻。

(二)视频创意二:剧情篇

大学课堂上,老师正在点名,正点到"×××",同时有两个人答"到",因同名同姓,老师首先让这两位同学进行自我介绍。同学甲说:"我叫×××,最喜欢的饮料是 A 饮料"。同学乙说:"我叫×××,最喜欢的饮料也是 A 饮料"。说完坐下,同学甲对同学乙说:"我们太有缘了,这个送给你!"说完拿出了 A 饮料。同学乙扑哧一笑,偷偷对同学甲说:"装不认识的把戏都玩了多少年了。"看向 A 饮料,上面有一张纸条写着"同学,继续一起向前吧。"接着与同学甲相视一笑。原来,同学甲与同学乙已经认识 8 年了。

最后同学甲与同学乙快乐地走在操场上,手里拿着 A 饮料,视频片尾出现一句话,"未来,我们也将一起奔赴。"

(三)视频创意三:测评篇

选取包括 A 饮料在内的 8~10 种饮料进行测评。在测评本款饮料时,详细介绍气味、口感、成分。最后制作排行榜,将 A 饮料放在第一的位置。

(四)广告语

"×××××,×××××"

(五)视频投放

A 饮料的目标人群主要是初中、高中、大学的学生,因此将广告语与视频分享到微博、抖音、腾讯视频等平台。

五、视频预算

1. 创意策划费用____元。

2. 视频制作费用____元。

3. 视频投放费用____元。

总计____元。

执行部门		监督部门		编修部门	
执行责任人		监督责任人		编修责任人	

4.1.4 制定拍摄方案

对于视频创作团队来说,一个规范、合格的拍摄方案是团队高效协作的重要因素。视频拍摄方案的制定主要是用于指导拍摄,提升拍摄质量和效率。下面是一则 A 手机拍摄方案。

方案名称	A 手机拍摄方案	编　号	
		受控状态	

一、任务概述

通过对 A 手机宣传视频的拍摄,体现 A 手机功能,增加曝光率,提升 A 手机知名度,进一步扩大 A 手机的销售量。

二、拍摄信息

1. 拍摄内容。

利用男生通过手机请教问题来认识女生,后来被老师拆穿的剧情,从侧面反映手机的功能。

2. 拍摄时间。

××××年××月××日上午 9:00～××××年××月××日下午 2:00。

3. 拍摄地点。

××省××市××学校教室。

4. 视频时长。

本次视频时长控制在 2 分 40 秒～3 分钟。

5. 人员分工。

(1)创意:×××。

(2)导演:×××。

(3)拍摄:×××。

(4)后期:×××。

(5)演员:×××、×××。

(6)道具组:×××、×××。

6. 拍摄预算。

本次拍摄预计投入＿＿＿元。

7. 总体要求。

此款 A 手机目标客户偏年轻,因此视频总体应有一种青春洋溢的氛围,并展现××品牌的企业主流文化,要生动,有深度。

三、拍摄思路

1. 拍摄手法:跟拍。

2. 创意思路:通过男女主角的对话与手机中透露出的信息,传递出幽默的气氛。

3. 拍摄效果:利用搞笑的情节突出手机功能。

四、拍摄前准备

1. 拍摄器材与道具准备。

道具组成员负责准备本次拍摄所用器材与道具,拍摄器材包括防抖运动相机 1 台、稳定器 1 台,领夹式麦克风 2 个,平板结构 LED 灯 1 个,迷你小灯 1 个。道具包括书、书包、笔、纸、A 手机一部。

2. 脚本准备。

脚本内容应包括场号、镜号、时间、景别、画面内容(包括色彩、构图、照明等)、拍摄技巧(平仰高俯跟)、台词(旁白或字幕)、音乐(音效)、道具。

3. 现场布置。

拍摄位置选在图书馆光线较好的角落,将书本摊开,纸笔放在桌子上,女主角坐在桌前学习,书包放在身后。

五、拍摄素材

1. 拍摄新学期开学,男主角从室外进入教室并落座的过程。

2. 拍摄男主角在座位上学习一段时间后,休息刷手机。

3. 男主角看到同桌进来,思考一番后,想利用手机中的英语问题认识同桌。

4. 男主角靠近同桌,询问英语翻译问题,这时男主角的外教老师将他拆穿,男主角感到尴尬。

5. 同桌提示男主角的手机有翻译功能,这时可加特写镜头,男主角恍然大悟。

6. 男主角与同桌熟识起来的画面。

六、拍摄方法

本次拍摄主要使用防抖运动相机拍摄。

1. 测光。

人像用点测光或中央重点测光,产品用点测光。

2. 对焦。

(1) 拍群体人像:自动区域自动对焦。

(2) 拍单个人像:单点自动对焦、动态区域自动对焦、自动区域自动对焦。

(3) 突出单个人像:单点自动对焦。

(4) 拍摄产品:单点自动对焦、自动区域自动对焦。

3. 曝光。

(1) 晴天:ISO 200 以下、曝光补偿(-1/3EV)。

(2) 阴天:ISO 400、曝光补偿(-1/3EV)。

4. 焦段。

(1) 拍摄人像:50~85 毫米。

(2) 拍摄产品细节:75~125 毫米。

七、拍摄注意事项

1. 尽量利用自然光。

2. 尽量顺光拍摄。

3. 注意环境与细节的拍摄。

4. 因拍摄地点特殊,在拍摄时不要影响其他人。

5. 移动镜头要有规律。保持一个方向,从左到右或从右到左。

6. 保持画面构图平衡。画面整洁、流畅,色彩平衡性良好,具有较强的层次感。

7. 移动镜头要平稳。基本姿势是将两脚分开约 50 厘米站立,脚尖稍微朝外呈八字形,再摇动腰部。

执行部门		监督部门		编修部门	
执行责任人		监督责任人		编修责任人	

4.1.5 设备选择与使用

在视频拍摄时,选用合适的拍摄设备可以有效地提高视频质量,视频创推员应根据不同情况选择设备,设备的选择与使用注意事项如表4-4所示。

表4-4 设备选择与使用注意事项

设备种类	具体分类	适用情况	注意事项
拍摄主机	手机	对视频质量无过高要求,且时长较短的视频	手机拍摄视频需配备手机稳定器使用,避免画面模糊不清
	相机	对视频质量要求较高,且时长较长的视频	在拍摄时随身携带存储卡,避免出现内存不足问题
麦克风	指向型麦克风	录制声音以被收音对象为主,不太需要周围环境的声音,适合个人和小团队拍摄	麦克风指向被收音对象,距离保持在1.5米以内
	领夹式麦克风	距离收音对象的嘴很近,适合户外使用,在嘈杂的环境中收音对象的声音也很清晰	夹在胸口中间区域,距离说话者嘴部15~18厘米。如果摆放过上会让声音听起来沉闷,摆放过下则会让声音不清晰
	立体声麦克风	户外自然环境音、户外音乐会现场环境音、室内演出环境音、影视节目与采访现场同期音、后期人声	◆ 防震,震动会使麦克风产生机械噪声 ◆ 防摔,撞击或摔在地上可能造成麦克风灵敏度降低甚至损坏
	大振膜麦克风	电台直播、电影旁白录制、唱片录制、诗歌朗诵录制	较敏感,录音时佩戴耳机,实时监听,避免噪声,录制旁白时需要使用话筒支架、防震支架、防喷罩
稳定器类	三脚架	手持拍摄、桌面或地面摆放拍摄	使用前检查固定座,看固定座是否固定完好,若没有固定完好,则必须再次固定
	独脚架	操作快捷,适合个人拍摄,也可用于团队工作中一个灵活的机位	使用时尽量伸长,使相机与视线水平 手尽量握在独脚架的最上方

续表

设备种类	具体分类	适用情况	注意事项
稳定器类	稳定器	在行走、奔跑或剧烈运动的情况下拍摄	◆ 在行走和跑动过程中使用稳定器拍摄，也需要注意走路和跑步的方式 ◆ 不要随意运镜，使用前要调平
	滑轨	风光拍摄、静物拍摄、人物采访拍摄、演出拍摄、微距拍摄	电动滑轨要与三脚架搭配使用，并配备一个备用电源
灯光	平板LED灯	影视作品、电视台节目录制、广告拍摄、个人Vlog、户外补光	◆ 不要直视光源 ◆ 凡是接地的灯具，一定要定时检查接地情况 ◆ 在环境温度5～35℃的情况下使用 ◆ 灯具的金属部分，不能随意擦亮粉
	COB结构LED灯	人物采访拍摄、广告拍摄等对亮度要求较高的情况	

4.1.6 拍摄素材分类

拍摄任务结束后会得到大量素材，根据素材的形式可将素材分为视频素材、音频素材、图片素材，具体内容如表4-5所示。

表4-5 拍摄素材分类

素材种类	具体内容	说明
视频素材	外拍素材	指在外景拍摄的素材
	棚拍素材	指在摄影棚内拍摄的素材
	延时素材	指延时拍摄的素材
	产品特写素材	指拍摄产品特定某一部分的素材
	拍摄花絮	拍摄过程中导演评论、演员感受、场景搭建、删减片段、特效制作等素材
音频素材	同期声	指同期录音，在拍摄素材的同时进行录音
	环境声	指为增加场景的真实程度，在声带上添加的不清晰人声和其他声音
	备份音轨	音轨是音序器软件中的平行"轨道"。每条音轨定义了不同的属性，如音轨的音色、音色库、通道数、输入/输出端口、音量等

续表

素材种类	具体内容	说明
图片素材	产品图片	产品各种角度、各种风格拍摄的图片
	人物图片	人物各种角度、各种风格拍摄的图片
	视频封面	根据视频内容设计的视频封面,封面应有特点,吸引观众

4.1.7 剪辑并导出素材

素材剪辑工作包括素材管理、素材剪辑、音频编辑、旁白录制、音效使用、视频调色、字幕设计、转场调整、保存导出。

(1)素材剪辑

素材剪辑的一般顺序为选择视频素材→调整视频素材顺序→修剪单条视频素材→调整转场→添加音乐(音效)→使用滤镜→添加字幕→导出。

剪辑软件要根据个人设备情况、视频质量要求、软件使用习惯与个人工作流程选择。常见的手机剪辑软件有 iMovie、Videoleap、Quik、剪映、必剪、快剪辑等,常见的电脑剪辑软件有 Premiere(简称 PR)、FCPX、Avid、爱剪辑、会声会影等。

(2)素材导出

视频创推员在导出素材时,需要进行导出设置,将导出时的分辨率、帧率和比特率调至合适参数,并选择导出格式,导出格式有如表 4-6 所示的 5 种。

表 4-6 视频导出格式

序号	格式	概述
1	MP4	一套视频音频的压缩标准,多用于移动设备
2	AVI	由微软推出,主要用于 Windows 平台
3	WMV	一般由物理介质(例如 DVD)存储的编解码格式
4	MKV	一种多媒体封装格式,可变频
5	MOV	兼容性好,跨平台,存储空间要求小,画面比 AVI 好一点

4.1.8 进行素材包装

视频素材需要根据视频的定位、内容以及面对的用户的性别、年龄、教育背景等基本特征方面的需求进行有针对性的包装,通过包装更好地吸引用户。素材包装内容如表4-7所示。

表4-7 素材包装内容

包装内容	说明
视频封面	封面风格应简单大方，杂乱无章会让人难于记忆，难以与其他视频相区别
视频色彩	视频色彩需根据视频的内容来确定，利用不同的色彩搭配出不一样的感觉，例如律师的个人专业的展示，可以用金色搭配灰色，也可以用黄色搭配黑色，打造出高级商务感
视频内容	根据视频内容添加特效、滤镜、转场等，使视频更具观赏性、增强视频效果、控制视频结构
视频片头	视频片头的包装需与视频的风格、分类、定位等相协调，从而体现出与视频内容相呼应的用户体验，例如时尚类视频要在片头给人时尚感、前卫感
视频片尾	视频片尾包装的关键点是不能让用户有一种头重脚轻之感，不能让片尾抢了片头以及整个内容的风头。片尾包装主要的目的之一是吸引用户观看后关注视频的制作者，增强与用户的互动性；另外一个目的是增强用户黏性，让用户不会轻易流失

4.2 视频推广

4.2.1 发布视频

（1）视频发布程序

不同视频软件上传视频的程序大致相同，上传视频程序如图4-1所示。

图4-1 上传视频程序

① 第1步：点击"视频发布"按钮。打开应用程序，找到视频发布界面，

点击"视频发布"按钮。

② 第 2 步：选择视频。进入拍摄页面后，选择需发布的视频。

③ 第 3 步：选择封面。视频封面是视频发布后呈现的页面，在视频发布前可以自行选择，选择时要注意账号的垂直度统一，并且选择吸引人的图片。

④ 第 4 步：撰写文案。除了视频本身，文案也是吸引用户停留、互动的一个关键要素。文案应尽量符合人性的情绪和心理，满足不同人的需求，可参考同类的热门视频文案。文案中可加入热门话题，话题的形式为"♯×××♯"，选择一个好的话题，会给视频带来更多流量。

⑤ 第 5 步：发布视频。设置可见范围、清晰度等，设置好后发布即可。

（2）视频发布要点

① 视频发布时间对视频的曝光量有很大的影响，掌握最佳的发布时间可以为视频获得更多的曝光与流量，一般情况下，视频最佳发布时间如表 4-8 所示。

表 4-8 视频最佳发布时间

发布时间	解释说明
周一至周五 7:00～9:00	多数人正处在上班路上,时间充足
周一至周五 12:00～13:00	结束了一上午的工作或学习,缓解紧张的心情
周一至周五 16:00～18:00	主要针对任务不繁重的办公室人员
周一至周五 21:00 后	结束了一天的忙碌与社交,睡前放松
双休日	休息的时间放松身心

② 将视频定位到标志性地域发布，可增加视频曝光量。

③ 勿使用模拟器频繁登录账号、频繁切换账号或同一个 IP 地址下挂多个账号。

④ 在视频账户刚刚建立时，视频时长在 15～30 秒为宜，发太长的视频，可能会造成用户反感、视觉疲劳。

⑤ 已发布的视频最好不要删除，这个操作会降低账号的权重。如果有确定要删除的视频，可以先设置"私密"再进行删除，同时要注意一天删除视频不要超过三条。

4.2.2 推广视频

视频发布后，视频创推员应对其进行推广，根据不同的推广平台，运用不同的推广工具，使视频获得更多的曝光量。

（1）视频推广平台

为增加视频曝光量，视频创推员需对视频进行推广，常见的视频推广平台如表 4-9 所示。

表 4-9 视频推广平台

序号	平台类别	举例说明
1	资讯类平台	今日头条、网易新闻、小红书
2	短视频平台	抖音、快手、西瓜视频
3	社交平台	微信朋友圈、QQ 空间、新浪微博
4	视频网站	腾讯视频、爱奇艺视频、优酷视频

（2）视频推广工具

不同的视频推广平台可运用不同的工具，增加视频的曝光量，下面选取"抖音"的视频推广工具"DOU+"，介绍使用步骤。

① 点击已发布的视频。

② 进入设置选项"…"。

③ 选择上热门。

④ 选择"你希望智能推荐给多少人"包括 1 500+人、4 900+人、自定义。

⑤ 选择"希望提升哪一项"，包括点赞评论量、粉丝量。

⑥ 进行支付，1DOU+币价值 1 元人民币。

第5章

技术支持与互动管理

5.1 技术支持

5.1.1 准备设备、软件和材料

直播活动开始前,需要先做好准备工作,直播设备、直播软件、直播材料都需要安排专业人员提前准备与检查。

(1)设备准备

直播设备主要分为4个大类,即摄像类、硬件类、灯光类和工具类。可根据这4个大类做具体细分,具体内容如表5-1所示。

表5-1 设备准备内容

类别	具体分类	主要内容
摄像类	基础配置	两部手机以及手机支架。一部用于直播,一部用于客服上链接等操作。手机支架是为了提供稳定的画面
	升级配置	摄像机、摄像头及其支架。摄像机和摄像头能够采集和输出高清、优质的直播画面,可以拉开与手机直播的差距。这类配置一般是电脑直播需要用到
	高级配置	顶摄摄像机、长焦机位、游机机位、特写机位等,可实现多机位镜头切换、表情特写等直播效果
硬件类	外置声卡	处理直播间收声问题。外置声卡的选择需要兼容手机、电脑、平板,最好是支持双设备接入
	麦克风	基础配置为小蜜蜂话筒,相当于一个扩音器,输出主播声音 升级配置为收音效果较好的蓝牙无线麦克风 高级配置为电容麦克风,其具备一定降噪效果
	电视机	用于背景产品信息展示,通常位于主播身后,提供产品信息介绍 用于手机后置摄像头直播投屏,使主播看到直播间的弹幕信息和在线人数
	LED屏	通常位于主播身后,提供产品信息介绍
	导播台	运用摄像机和摄像头进行拍摄的,需要购买采集卡,采集摄像机信号并转换给推流电脑
	高配电脑	需要两台高配电脑,一台作推流电脑,另一台作备份电脑

续表

类别	具体分类	主要内容
硬件类	监视器	为主播、现场团队提供现场画面监听
	监听耳机	为导演/导播提供现场声音监听的耳机
	提词器	为主播提供产品讲解、流程等信息提示
	提词电脑	连接提词器,控制提词器显示内容
灯光类	补光灯	给直播间一个比较柔和又有足够亮度的光线,让主播和产品看起来更上镜。一个简单的方式是购买带补光灯的手机支架,专业补光灯有美颜灯、球形灯、日光灯等,配合灯罩使用,效果更佳
工具类	桌椅	用于展示样品、主播休息
	陈列架	陈列整理好的准备直播的样品(含赠品)
	道具架	方便随时取用道具
	其他物料	插线板、白板、马克笔、各类连接线、电池等小物料也需要提前准备好

(2)软件准备

① 直播平台准备。直播平台下载与更新、直播平台功能测试、直播助手准备、第三方软件开发工具包（Software Development Kit，SDK）准备。

② 网络类。服务器选择、专线网络配置、备用专线网络配置、无线路由器设置。

③ 直播间页面准备。直播间开播页面的摄像头、闪光灯、美颜、封面图、标题、开启同步按钮、开启测试直播间、定位、分享及开播展示等内容准备。

(3)材料准备

① 直播内容准备。包括直播脚本、直播流程设计、直播计划。

② 直播产品。需要准备本次直播样品、小样,并配备样品展示架。

③ 物料准备。物料包括宣传物料和现场物料。宣传物料包括站内、站外图文素材和视频宣传素材。现场物料包括品牌LOGO、直播背景板、产品图片、直播贴片、福利礼品等。

5.1.2 测试网络环境及设备

直播工具准备好后,互联网营销人员需要对网络环境与现场设备进行测试。对网络环境与现场设备的测试主要通过兼容性、性能和播放测试实现。

（1）兼容性测试

直播的兼容性测试是在不同的机型、不同的系统、不同的分辨率以及不同网络环境下测试是否可以正常开播，测试是否可以进入直播间观看直播、发送消息并且在直播结束时可以正常跳转到直播结束页面。

（2）性能测试

针对直播间的性能测试主要涉及以下几个方面。

① CPU。运用设备自带 CPU 检测功能或辅助工具进行测试。

② 内存。运用设备自带内存检测功能或辅助工具进行测试。

③ 流量（Wi-Fi 和移动数据）。记录直播过程中的流量消耗情况，可借助工具测试。

④ 电量。同等初始环境下，开启直播 1 小时，对比多个直播应用的电量消耗情况。

⑤ 温度（包括电磁温度和 CPU 的温度）。同等初始环境下，开启直播 1 小时，利用工具帮助记录对比多个直播应用直播后的设备的温度变化。

⑥ 秒开。测试进入直播间时首屏的加载时间在 1 秒左右。

⑦ 延迟。测试主播开播到用户可观看直播之间的延迟。

⑧ 清晰度。根据用户的直观感受反馈测试。

⑨ 分辨率。可以从显示分辨率与图像分辨率两个方向来测试。

（3）播放测试

① 播放流畅性测试。正常播放、快进、倍速、拖拽进行播放，查看播放的流畅性、加载速度及其卡顿情况。

② 网络切换测试。不同网络（4G/5G/Wi-Fi 等网络环境）下的播放和加载情况。

③ 设备切换测试。播放过程中切换话筒、切换视频等。

④ 屏幕切换与互动测试。屏幕横屏、竖屏切换是否正常。互动、评价等是否正常。

⑤ 播放过程中退出、进入等是否正常。

⑥ 播放后网络断开，恢复后能否继续播放。

⑦ 播放回放、缓存、下载是否正常。

5.1.3　设置产品链接

不同直播平台直播产品链接的设置流程大体相类似，但也需要根据不同平台要求进行设置。下面以淘宝直播平台为例，介绍产品链接设置方式与产品链接添加要求。

（1）产品链接设置方式

① PC 端。

a. 进入电脑端淘宝直播页面。

b. 选择"发布直播"，在发布直播的页面可以添加产品。

c. 在直播过程中，也可添加产品。找到直播互动面板，点击下方的"宝贝"，添加产品。

② 移动端。

a. 登录手机淘宝主播 APP，在创建直播时，选择"添加宝贝"，将需要添加的产品链接上传。

b. 在直播过程中，也可以用手机操作，在直播间挂上产品链接。点击直播页面的添加宝贝链接图标，添加产品。

（2）淘宝直播间产品链接添加要求

① 新发布的产品，必须已上线 2 天以上，如果中间有修改，则会向后推 2 天。

② 产品符合所选栏目或标签的要求，主播的直播间只能发布所选栏目产品，其他产品不能发布。

5.1.4 上传产品素材

直播间产品素材上传时需要在登录平台后台后填写好产品信息，上传产品素材，填写辅助信息后发布。具体内容如图 5-1 所示。

步骤1 登录平台后台	步骤2 填写产品信息	步骤3 上传产品	步骤4 填写辅助内容与发布
平台管理员需要登录商家后台，创建新产品，进入产品发布页面，选择好产品类目	填写产品信息，根据真实数据填写，带红色星号的为必填项，其他为选填项	上传产品主页图片、产品详情页图片、产品讲解视频、产品价格、产品库存、产品规格等素材及信息	填写服务承诺、发货时间、运费模板等辅助内容，点击发布

图 5-1 上传产品素材步骤

5.1.5 配置直播间功能

直播间的功能开发需要考虑三点，即打造具有购物氛围感的消费环境、利用多元促销玩法提升消费吸引力、构建最短的消费转化路径。根据这三点，直播间需要配置如表 5-2 所示功能。

表 5-2　直播间功能配置表

功能配置	具体说明
评论互动	主播、平台管理员、直播观看用户可在直播间发布评论与回复评论，提出问题或回复
产品链接展示	一般在直播间左下角设置产品链接，直播观看用户可在此处搜索产品或购买产品，也可设置讲解产品主页
新手指导	新用户进入直播间后，设置指导功能，引导用户使用各种功能
点赞互动	此项一般设置在直播间右下角，直播观看用户可在此处点赞，与主播互动
直播公告	可在直播公告处设置直播预告、直播福利等其他内容
优惠链接	可设置在直播主页面或在直播观看过程中弹出，设置红包或优惠券，激发直播观看用户购买欲
智能助理	点击智能助理，可发送特定问题或其他需求问题，智能助理根据设定好的内容回复
单品展示	可在直播间上方设置单品展示页面，根据播放产品不同，变换主页产品图片
主播关注按钮	点击后可关注主播或产品店铺
连麦	点击连麦按钮可与其他主播或直播观看用户连麦
分享	设置分享链接，可将直播内容分享到其他平台宣传引流
镜头切换	可切换至不同位置镜头方便产品展示与产品介绍

5.1.6　制作互动特效

直播过程中主播与直播观看用户进行互动，可以烘托氛围、增加用户体验感，促进用户下单，直播间互动可以直接语言互动，也可应用互动特效。目前直播特效主要有以下 3 种类型。

（1）打赏道具

虚拟打赏道具，比如，跑车、飞机、游轮、钻戒、游乐场等。用户通过给主播送礼物的方式，表达自己的情感、想法，这是直播平台上常见的互动方式。

（2）音效互动

直播中根据内容情景，可以放笑声、掌声、呐喊声、鼓掌声等声音特效。

（3）美声、变声、美颜

美音、变声、美颜这三种互动形式是目前最常见的形式，可以把握用户心理，掌握底层技术，能够创新，给用户更多惊喜。

5.1.7　查看动态网络舆论监控数据

在直播过程中，平台管理员不仅要监控直播运营情况，也要监控各个平台的实时舆论数据。做到实时监控、实时报告、实时处理。

（1）直播动态实时全面监测

平台管理员应及时掌握直播在多渠道互联网平台的风评情况，可使用舆情监测工具对短视频平台、社交媒体、新闻客户端等进行实时的全面监测，第一时间掌握全网范围内与之相关的动态。

（2）直播负面动态自动警告

针对与直播相关的敏感的、重大的、影响恶劣的负面声音，应用舆情监测工具自主识别，并使用微信、短信、邮件、客户端或人工的方式进行上报，便于背后的品牌方、直播团队等及时采取处置措施，有效止损。

（3）直播动态全面综合分析

针对互联网平台产生的对直播的评论、报道等，应用舆情监测工具做到全面综合分析。为事态的发展变化趋势、传播网站、传播媒体、关键传播节点以及传播溯源、传播分布偏好、衍生话题、舆论焦点、用户画像等提供具体的应对措施或参考依据。

5.1.8　提供产品实时数据

平台管理员在直播过程中要实时监控直播间产品数据，为产品介绍与营销策略提供帮助。可在平台后台监控，也可设置直播数据大屏监测。需要监控的数据不仅包括销售数据，还包括用户数据和其他数据。产品数据内容如表5-3所示。

表5-3　产品数据内容

产品数据	具体内容
销售数据	◆ 总体销量、总体销售额、已上架产品数 ◆ 单品价格、单品销量、单品销售额、单品上架时间、上架时长 ◆ 购买总人数、销售额、客单价
用户数据	◆ 累计观看人数、在线峰值人数、平均在线人数、目前在线人数 ◆ 用户停留时长、转粉率、单场涨粉数量 ◆ 直播用户来源、性别分布、地域分布
其他数据	◆ 开播时间、目前在线时长、单品播放平均时长 ◆ 转化率、咨询率

5.2 互动管理

5.2.1 制定互动管理办法

平台互动管理包括平台的"后台实名、前台自愿"设计管理、评论及弹幕等直播互动环节的实时管理以及直播人员的互动信息管理、互动行为管理等内容。这些内容的设计与管理需遵守互联网营销相关法律、法规的规定,同时在提供、使用互联网直播服务时要遵守《互联网直播服务管理规定》。下面是一个互动管理办法范例,供读者参考使用。

办法名称	互动管理办法		受控状态	
			编　号	
执行部门		监督部门	编修部门	

第 1 章　总则

第 1 条　为规范公司直播互动行为,更好地维护安全、有序、绿色的互联网直播互动环境,引导网络直播营销活动更加规范,促进网络直播营销行业的健康发展,特制定本办法。

第 2 条　本办法适用于公司所有直播销售员及从事直播业务相关的岗位人员。

第 3 条　互联网直播营销互动过程中应认真遵守国家法律、法规,坚持正确导向、诚实守信、信息真实、公平竞争原则,活动内容符合社会主义精神文明建设和弘扬中华优秀传统文化的要求。

第 2 章　互动形式管理

第 4 条　及时回答问题。主播应多看评论,耐心解答粉丝的问题。

第 5 条　以问题吸引粉丝。主播应多采用开放式问题吸引粉丝参与到直播环境中。

第 6 条　制造话题吸引粉丝。主播应制造话题,吸引粉丝参与到互动中。

第 3 章　直播人员的互动信息管理

第 7 条　直播营销互动过程中,不得传播以下信息。

(1)反对宪法所确定的基本原则及违反国家法律、法规禁止性规定的。

(2)损害国家主权、统一和领土完整的。

(3)危害国家安全、泄露国家秘密以及损害国家荣誉和利益的。

(4)含有民族、种族、宗教、性别歧视的。

(5)散布谣言等扰乱社会秩序、破坏社会稳定的。

(6)淫秽、色情、赌博、迷信、恐怖、暴力或者教唆犯罪的。

(7)侮辱、诽谤、恐吓、涉及他人隐私等侵害他人合法权益的。

(8)危害未成年人身心健康的。

(9)其他危害社会公德或者民族优秀文化传统的。

(10)令人极度不适的内容。包括但不限于出现人或动物自虐、自残、自杀、刺伤、拷打等令人极度不适的内容。

第8条 直播营销过程中应当全面、真实、准确地披露产品或者服务信息,依法保障消费者的知情权和选择权,严把直播产品和服务质量关,依法依约积极兑现售后承诺,保护消费者的合法权益。

第9条 直播营销主体不得利用刷单、流量造假等方式虚构或篡改交易数据和用户评价,不得进行虚假或者引人误解的商业宣传,欺骗、误导消费者。

第10条 网络直播营销主体应当依法履行网络安全与个人信息保护等方面的义务,收集、使用用户个人信息时应当遵守法律、法规等相关规定。

第4章 直播人员的互动行为管理

第11条 直播互动过程中,主播应当了解与网络直播营销相关的基本知识,掌握一定的专业技能,树立法律意识。

第12条 主播入驻网络直播营销平台,应提供真实有效的个人身份、联系方式等信息,信息若有变动,应及时更新并告知。主播不得违反法律、法规和国家有关规定,将其注册账号转让或出借给他人使用。

第13条 主播的直播间及直播场所应当符合法律、法规和网络直播营销平台规则的要求,不得在涉及国家及公共安全、影响社会正常生产、生活秩序、影响他人正常生活的场所直播。

第14条 在直播营销过程中,主播应坚持社会主义核心价值观,遵守社会公德,不得含有以下言行。

(1)带动用户低俗氛围,引导场内低俗互动。

(2)带有性暗示、性挑逗、低俗趣味的。

(3)攻击、诋毁、侮辱、谩骂、骚扰他人的。

(4)在直播活动中吸烟或者变相宣传烟草制品(含电子烟)的。

(5)内容荒诞惊悚,以及易导致他人模仿的危险动作。

(6)其他违反社会主义核心价值观和社会公德的行为。

第15条 主播在直播活动中,应当保证信息真实、合法,不得对产品和服务进行虚假宣传,欺骗、误导消费者。

第16条 主播在直播活动中作出的承诺,应当遵守法律、法规,遵循平台规则,符合其与公司的约定,保障消费者合法权益。

第17条 主播应当遵守法律、法规,遵循平台规则,配合网络直播营销平台做好参与互动用户的言论规范管理。

第18条 主播在网络直播营销活动中不得损害商家、网络直播营销平台合法利益,不得以任何形式导流用户私下交易,或者从事其他谋取非法利益的行为。

第19条 主播向公司、网络直播营销平台等提供的营销数据应当真实,不得采取任何形式进行流量等数据造假,不得采取虚假购买和事后退货等方式骗取商家的佣金。

第 5 章 附则

第 20 条 本办法由直播部负责编制、解释与修订。

第 21 条 本办法自××××年××月××日起生效。

编制日期		审核日期		批准日期	
修改标记		修改处数		修改日期	

5.2.2 建立互动常见问题库

了解直播间用户常问的问题，可以帮助主播提升解决问题的速度，提升主播讲解产品的效率。平台管理员也可将通用问题答案设置在直播间页面，解决用户疑惑。表 5-4 列出了直播间几类热卖产品常见问题。

表 5-4 直播间常见问题

分类	类别	主要问题
通用问题	发货	◆ 什么时候发货、今天哪些产品可以发货 ◆ 产品是否包邮 ◆ 发什么快递 ◆ 产品是现货还是预售
通用问题	产品展示	◆ A 产品和 B 产品的区别 ◆ 我想看看某号链接、近距离展示一下产品 ◆ 某产品什么时候播
通用问题	其他	◆ 怎么领取优惠券、优惠券怎么用 ◆ 还有其他折扣吗 ◆ 某号有什么活动 ◆ 主播怎么不回答我的问题 ◆ 适合某类特定人群吗 ◆ 别人家的价格怎么更便宜
分类问题	服饰	◆ 服饰的材质、洗护方法、起不起静电、会不会褪色 ◆ 服饰都有什么尺码、什么颜色 ◆ 说出自己的身高体重，问适合什么尺码 ◆ 主播可以试穿吗，正反面都是什么样子的 ◆ 适合什么季节、什么温度穿着

续表

分类	类别	主要问题
分类问题	食品	◆ 食品的规格、重量 ◆ A产品是什么味道、口味的 ◆ 食品保质期多长时间、生产日期是什么时候 ◆ 吃了会不会发胖 ◆ 产品配料都有什么、有没有添加剂
	化妆品	◆ 产品的生产日期与保质期 ◆ 适合干皮、油皮、敏感肌吗 ◆ 有没有美白、补水、防晒效果 ◆ 会不会刺激皮肤、用后会不会长痘 ◆ 有没有刺激性气味、有没有酒精味 ◆ 是正品吗
	家用电器	◆ 可以上门安装吗 ◆ 保修多长时间 ◆ 费电吗、一天用多少度电 ◆ 有噪声吗

5.2.3 用户沟通管理

主播在直播的不同阶段，可以运用不同话术延长用户在直播间停留时间、促进产品成交、提高人均客单价。具体话术类型如下所示。

① 开场话术。主要讲一些顺口、表示欢迎的话，告知直播观看用户本次直播的活动以及福利。

② 挽留话术。挽留话术需要解决"我为什么要留下？"的问题，用户没有太多耐心，平均停留时间在几分钟。因此，需要吸引用户停留，较短时间内介绍有什么福利、不要错过优惠等。

③ 产品介绍话术。一般在直播间停留时间较长的人群，多为对产品有购买欲的人群。产品介绍时要讲解明白产品的价值、优势和适用对象。除了专业术语，记得多举例、比喻，生动形象。围绕产品"特色"讲，突出重点，还要营造场景使用感。

④ 互动话术。直播间内不仅要介绍产品，还需要及时与用户互动，增添趣味性。可以利用产品优势，把控直播节奏，让用户自然而然跟着互动。

⑤ 涨粉话术。包括加关注、亮灯牌，这两项的数据直接影响直播间流量。

如果在某一刻加关注特别多,那下一刻平台给的流量会更多。

⑥ 促单话术。"促单"要抓住用户的消费心理,大多数用户觉得"值得",才会下单。但是如果平时价格高,在直播间打6折、5折,用户觉得购买产品特别合适就会下单购买。

5.2.4 后台评论管理

直播间用户可在评论区发布问题、产品使用后评论,也可根据用户观看时长和评论数量,设置与用户的亲密度,方便用户与主播之间的实时交流。

遇到优质评论,平台管理员可将评论置顶;遇到相同评论数量过多,平台管理员可将评论聚合;遇到恶意辱骂、发布违规内容用户,平台管理员可将用户禁言。具体操作可参考后台评论管理办法。

办法名称	后台评论管理办法		受控状态	
			编　　号	
执行部门		监督部门		编修部门

第1章　总则

第1条　目的

为规范直播间评论内容,打造绿色健康的直播间,带给用户和互联网营销人员更好的直播环境,特制定本办法。

第2条　适用范围

本办法适用于公司内所有直播间的评论管理。

第3条　管理办法的分类

针对直播观看用户,平台管理员主要有评论回复、评论发表、回看评论、评论聚合、评论分层、评论置顶、关键词屏蔽、禁言、拉黑、投诉等评论管理办法。

第2章　评论的回复、发表与回看

第4条　评论回复

当直播间用户询问某产品的售前或售后信息而主播无法实时通过讲解回应时,可在电脑端直接回复该条评论,告知用户相关信息,及时解决用户疑问,促进产品转化率。

(1)回复用户评论时,可点击单条用户评论,对相应内容进行回复。

(2)回复用户评论时,要做到快速回复,快速解决,提高用户满意度。

(3)回复用户评论时,要直接解决客户问题。当实在无法回复或解决问题时,应问询相关人员,寻找解决办法。

第5条　发表评论

当直播间氛围过于冷清,平台管理员想要提升直播间互动氛围,或想要告知用户正在讲解产品的补充信息时,可以发表评论,引导用户进行互动,增加直播间有效评论数量。

(1)发表评论时,应做到语言清晰明了,便于直播间用户理解。

(2)评论发布时,应配合主播的产品讲解流程,引导直播间用户下单。

第6条 回看评论

在直播结束后、下一场直播开始前,主播与平台管理员应回看直播间发布/回复的评论,用于复盘用户互动效果,为下次开播提供决策参考。

第3章 评论聚合、分层与置顶

第7条 评论聚合

为避免直播间刷屏错过重要评论,平台管理员应开启相似评论聚合功能,使评论列表中只显示三条评论,便于平台管理员监控与回复其他信息。

第8条 评论分层

直播期间,为避免错过直播间用户有关产品售前售后的疑问时,可以点击"问询"查看此类问题并精准回复,防止用户流失。

当平台管理员想要复查自己有没有对相似问题进行过回复时,可以点击"已回复"查看,避免发布重复评论。

第9条 评论置顶

当平台管理员想要重点展示用户发表的优质评论或是需要大家关注的产品信息与福利时,平台管理员可将用户评论或自己发布的评论置顶。

置顶的评论需经过后台审核,置顶成功后只能在固定时间展示。

第4章 屏蔽、禁言、投诉

第10条 关键词屏蔽

为营造更好的直播环境,避免直播间用户出现恶意攻击的情况,平台管理员可以设置屏蔽人身攻击类、辱骂、团伙性恶意评论和广告引流的关键词。

(1)屏蔽关键词可设置两类关键词:一类为常设关键词;另一类为动态关键词。

(2)常设关键词就是要一直屏蔽的词汇,一般作长期屏蔽处理。

(3)动态关键词就是需要根据每场不同的直播特意去设置的,具体要求具体设置。

第11条 禁言

直播间禁言管理主要分单场禁言、一周禁言和永久禁言。

第12条 单场禁言

针对直播间用户一直发布同样的内容、无意义的内容或与直播话题无关事件时,平台管理员可对用户采取单场禁言处理。

第13条 一周禁言

针对直播间用户恶意刷梗、"带节奏"、发布引战内容、恶意发布或猜测主播隐私、恶意宣传主播、扰乱直播秩序等行为,平台管理员可对用户采取一周禁言处理。

第14条 永久禁言(拉黑)

针对直播间用户在评论区内发布涉政敏感内容、违反法律法规内容、违反社会公序良俗内容、民族分裂内容、粗俗黄暴内容、恶意攻击主播与其他用户内容的行为,平台管理员可对用户采取永久禁言处理。

第15条 投诉

当直播间用户出现适用一周禁言或永久禁言行为时,平台管理员可向直播平台后台人员进行投诉,要求其对直播间言论加强管理。

第 5 章　评论管理要求

第 16 条　不能影响评论自由

平台管理员仅可设置关于人身攻击类、辱骂、团伙性恶意评论和广告引流等类别的关键词,不支持对普通观看者负面的评价做关键词拦截。

假货、质量不好、夸大宣传、发货速度慢等内容不在屏蔽词范围内。直播间的一切评论工具相关操作,都不能影响正常用户在直播间的评论自由。

第 17 条　不得滥用工具

平台管理员不得违反平台工具使用要求,设置不符合要求的关键词或禁言正常的用户,造成正常用户无法在直播间内自由评论。

第 6 章　附则

第 18 条　编制单位

本办法由直播部负责编制、解释与修订。

第 19 条　生效时间

本办法自××××年××月××日起生效。

编制日期		审核日期		批准日期	
修改标记		修改处数		修改日期	

第6章
售后与复盘

6.1 售后

6.1.1 售后标准工作程序

售后服务人员在进行售后工作时,要遵循相应的售后标准,按照售后服务规范进行售后问题的沟通和处理,及时反馈售后问题。售后标准工作程序的主要分为如图 6-1 所示的 6 个步骤。

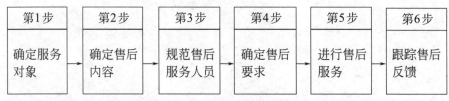

图 6-1 售后标准工作程序图

(1)第 1 步:确定服务对象

售后的服务对象是购买公司产品的用户。

(2)第 2 步:确定售后内容

① 产品退换货的条件和要求。

② 产品发货的物流公司和物流进度。

③ 产品三包的范围和条件。

④ 产品维修范围、条件以及收费标准。

⑤ 产品基本信息,主要包括产品的原材料、产品规格型号、产品价格、优惠信息、适用条件以及产品的库存情况等。

(3)第 3 步:规范售后服务人员

① 规范售后服务人员的工作态度,统一售后服务人员与用户的交流话术。

② 加强对售后服务人员的培训和考核,提高售后服务人员的服务水平。

③ 提高售后服务人员的专业能力,提高售后服务的及时率。

(4)第 4 步:确定售后要求

① 接到用户从系统发来的售后要求后,如果要求在售后服务人员能力范围内的,要立即回复用户消息,并在____个小时之内回复用户的要求;如果不在售后服务人员能力范围内的,要及时请示,并在____个小时之内回复用户的要求。

② 对于产品的换新、保修或维修要求,售后服务人员要根据订单信息查询产品的换新、保修或者维修的期限,核对用户信息,计算相关费用。

（5）第 5 步：进行售后服务

① 售后服务人员接收到用户的要求后，要按照售后服务规范以及售后服务要求进行售后服务。

② 售后服务人员在处理售后问题时，要及时与用户沟通，询问用户存在的问题，为用户提供满意的答复，解决用户的问题，提升用户的满意度。

（6）第 6 步：跟踪售后反馈

① 售后服务人员邀请用户填写"售后服务满意度调查表"。

② 售后服务人员对用户进行回访，询问产品的使用情况和售后服务情况。

6.1.2 熟练运用智能交互系统的方式

售后服务人员要掌握智能交互系统的使用，通常有说明书法、培训法、经验法三种方式，如表 6-1 所示。

表 6-1 熟练运用智能交互系统的方式

具体方式	具体内容
说明书法	◆ 说明书法是指售后服务人员按照智能交互系统的使用说明书，使用系统回复用户的问题，为用户解决疑难问题 ◆ 优点：按照说明书使用系统，可以避免系统出现不必要的故障或损坏 ◆ 缺点：耗时长，使用成本高
培训法	◆ 培训法是指聘请专人，进行培训，指导售后服务人员使用智能交互系统 ◆ 优点：直接传授可使售后服务人员快速上手 ◆ 缺点：后期售后服务人员遇到实际问题，不易反馈
经验法	◆ 经验法是指售后服务人员按照以往的系统使用经验，操作智能交互系统 ◆ 优点：售后服务人员利用以往的使用经验，快速操作系统，回答用户信息 ◆ 缺点：操作不当，可能导致系统出现故障或损坏

6.1.3 查询产品的发货进度

产品下单后，可能会出现物流延迟、产品未发货、产品丢失等问题，用户会向售后服务人员询问产品发货情况，售后服务人员便要依据用户的订单情况查询产品的发货进度。

常见的查询方法是系统查询法。即用户下单后，售后服务人员可通过操作系统查询到产品打包、出库、发货和物流状态，从而获知产品的发货进度。

（1）销售订单系统查询

① 进入平台产品销售订单页面。

② 点击物流信息查询。

（2）内部或供应商销售系统

当销售订单系统查询不到发货进度信息时，可通过查询内部或供应商销售系统进一步查询。

① 进入产品销售查询服务系统。

② 输入订单编号，点击查询。

6.1.4 处理用户反馈的问题

为给用户提供更好的购物体验，就要加强对售后服务的管理，积极地处理用户反馈的问题，提升用户的满意度，更好地满足用户的需要。通过接收用户反馈的问题，为用户提供具体的解决措施。具体措施参照下列用户反馈问题处理办法。

办法名称	用户反馈问题处理办法	受控状态	
		编　号	
执行部门		监督部门		编修部门	

第1章　总则

第1条　为规范售后问题的处理，满足用户的需求，保证用户在使用产品时发挥最大的效益，提高用户对产品的满意度和信任度，特制定本办法。

第2条　本办法适用于处理用户反馈的问题。

第3条　职责权限

(1)售后服务人员负责与用户进行协调、沟通。

(2)售后服务人员负责提供产品零件、配件及相关服务的价格，并计算售后服务相关费用。

第2章　处理产品损坏问题

第4条　产品损坏责任划分

(1)己方责任。产品在出库前就存在破损情况的，用户在后期使用中，自然因素导致产品损坏的。

(2)物流责任。产品在运输过程中出现破损情况的。

(3)用户责任。用户在后期使用中人为因素导致产品损坏的。

第5条　产品损坏问题处理

(1)己方责任。售后服务人员与用户协商处理产品的退换货，或给予用户一定金额的赔偿。

(2)物流责任。售后服务人员与用户协商处理产品的退换货,或给予用户一定金额的赔偿,并向物流公司索要相应的赔偿。

(3)用户责任。售后服务人员首先确认该产品是否在保修服务范围之内,若在保修服务范围之内的,可联系用户进行退货维修;如果不在保修服务范围之内的,则与用户协商是否可以付费维修。

第3章 处理产品丢失问题

第6条 产品丢失责任划分

(1)己方责任。在产品出库后、物流揽收前出现产品丢失的情况。

(2)物流责任。产品在运输过程中出现丢失的情况。

第7条 产品丢失问题处理

(1)己方责任。售后服务人员要查明产品丢失原因,并重新向用户进行发货。

(2)物流责任。售后服务人员与用户协商处理产品的退款问题或重新给用户发货,并向物流公司索要相应的赔偿。

第4章 处理产品退换货问题

第8条 退换货条件

(1)用户购买的产品出现质量问题。

(2)产品损坏或丢失的情况。

(3)其他售后服务人员批准,同意用户退换货的情况。

第9条 退换货批准

售后服务人员根据不同用户的退换货要求,建立相应的审批程序,所有的退换货批准应在线上进行。

第10条 退换货检查和鉴定要点

(1)退换货产品是否有该供应商出厂合格证、质检证书等。

(2)退换货产品有无人为损坏迹象。

(3)退换货产品是否由于用户长期积压和不合理存放导致的锈蚀损坏。

第11条 划分责任

如果经过鉴定不属于己方责任,售后服务人员可以根据产品销售规定拒绝接受用户的退换货请求。

第5章 处理产品维修问题

第12条 产品保修条件

(1)产品在保修期之内。

(2)产品无零部件缺件或产品零部件是自然损坏的。

第13条 不在产品保修范围的情况

(1)已经超过保修期限的产品。

(2)产品缺件或产品零部件人为损坏,产品外观存在缺陷的。

(3)因使用、存储、搬运不当造成产品损害的。

(4)因不可抗力等自然因素造成损坏的产品。

(5)经本公司确认,不属于保修责任内的产品。

第14条 保修责任认定

是否属于保修产品,由售后服务人员进行判定,较难判定的,技术人员一起参与判定产品的保修责任。

保修责任认定后,售后服务人员与用户沟通一致后,出具相应的书面认定书。用户在书面认定书上签字,表明对保修责任认定结果的认同。

第15条　保修产品处理

(1)售后服务人员提供免费的维修服务。

(2)售后服务人员在填写"维修退货单"时,注明"保修"字样。

第16条　不在产品保修范围的产品处理

(1)不属于保修责任范围内的产品,本公司提供有偿维修服务。维修前,售后服务人员应取得用户书面同意。

(2)售后服务人员在填写"维修退货单"时,注明"非保修"字样。

第6章　附则

第17条　编制单位

本办法由×××负责编制、解释与修订。

第18条　生效日期

本办法自××××年××月××日起生效。

编制日期		审核日期		批准日期	
修改标记		修改处数		修改日期	

6.1.5　分析和汇总异常数据

异常数据是指售后过程中出现的高退货数据、高订单取消数据、高投诉数据以及高问询数据等。要对异常的数据进行分析和汇总,分析异常数据出现的原因,并将异常原因汇总并提交。

常用的异常数据分析方法主要有两种,分别为对比分析法和分组分析法,具体如表6-2所示。

表6-2　异常数据分析方法

分析方法	具体分析	适用范围
对比分析法	◆ 对比分析法是指通过指标的对比发现售后中的异常数据。对比分析法可分为横向对比和纵向对比 ◆ 横向对比是指不同事物在固定时间上的对比。例如,比较一周相同时间内产品的退换货率和投诉率 ◆ 纵向对比是指同一事物在时间维度上的变化。例如,同一产品,在不同的季节、不同的节日、不同的市场环境下的销售数据	对比分析法适用于数据异常明显,需要与以前的直播数据进行对比分析的情况

续表

分析方法	具体分析	适用范围
分组分析法	◆ 分组分析法是指根据数据的特点,将数据进行不同的分组,然后分析组内数据结构和相互关系,从而了解数据发展规律 ◆ 运用分组分析法对异常的数据进行分组,可以根据异常数据的分类,分析异常数据出现的原因	分组分析法适用于数据量较多,需要分组来对异常数据进行分析的情况

售后服务人员常使用"异常数据汇总表"来进行异常数据的汇总,具体内容如表 6-3 所示。

表 6-3 异常数据汇总表

序号	产品名称	产品规格	供应商	异常现象	异常处理结果
1	×××	×××	供应商 A	产品未发货	催促发货
2	×××	×××	供应商 B	产品质量出现问题,进行退货	退货
3	×××	×××	供应商 A	产品丢失	重新发货
4	×××	×××	供应商 C	产品与图片描述不符,进行退货	退货
本表所列异常数据汇总真实、完整。					
				年　月　日	

6.1.6　撰写售后服务工作报告

售后服务工作是营销工作的一个重要环节,对一段时间的售后服务工作情况进行总结报告,有利于售后服务人员发现并解决存在的问题,为用户提供高质量的售后服务,以下为售后服务工作报告,供售后服务人员参考。

报告名称	售后服务工作报告	编　号	
		受控状态	
一、情况概述 　　为明确售后服务工作水平,评估售后服务人员工作绩效,调动售后服务人员的工作积极性,为用户提供更好的售后服务,现对售后服务人员的售后服务工作进行分析和总结。			

1. 用户问答情况

售后服务人员对用户的问答情况进行总结,在售后服务过程中,售后服务人员共与____名用户进行了沟通交流,解决了____次的用户疑难问答,在与用户的沟通中,成功进行了____次二次销售。

2. 产品退换货情况

在售后服务工作中,A产品的退货率是____%,换货率是____%;B产品的退货率是____%,换货率是____%;C产品的退货率是____%,换货率是____%;D产品的退货率是____%,换货率是____%。

3. 用户投诉情况

用户投诉的产品中,A产品的投诉率占____%,B产品的投诉率占____%,C产品的投诉率占____%,D产品的投诉率占____%。用户投诉的问题中,产品质量问题占____%,售后服务态度问题占____%,物流问题投诉占____%。

4. 产品维修情况

产品的维修率占____%。人为原因造成产品损毁,进行维修的占____%;自然因素造成产品损坏,进行维修的占____%。

二、存在问题

1. 退换货率高

____产品退换货率比较高,达到____%,给公司造成____万元损失。

2. 投诉频繁

(1)____产品投诉量较大,高达____%,主要投诉的内容包括产品质量差、实际产品与营销产品不符。

(2)售后服务人员的售后服务不到位,对于用户的问题不能及时应答。售后服务人员服务态度差,没有解决实际问题。

3. 产品未及时发货

____产品在限定时间内没有送达到用户手中,引发用户投诉和退款。____产品缺货,产品不能发出,导致用户流失。

4. 产品在运输过程中丢失

____产品在运输过程中,发生丢失情况,公司没有监控到产品的物流情况,给公司带来____万元的损失。

5. 物流延迟

公司产品发出后,物流信息迟迟不能进行更新,用户频繁催货,引发用户的不满和投诉,造成用户流失和产品退货。

三、原因分析

1. 选择产品不当

营销团队选择产品不当,没有对产品进行研究和分析,无法将流量进行有效转化,还会损失原有的忠实用户,影响公司的口碑和形象。

2. 物流选择不当

在与物流公司合作中,没有选择好物流公司,物流公司压货严重,不能及时进行发货。

物流公司内部管理存在诸多问题,产品丢失情况严重。

3. 服务不周全

部分售后服务人员的素质不高,专业能力不达标,不能为用户提供及时的服务,不能为用户带来良好的售后服务体验。

4. 供应商发货不及时

公司选择供应商进行发货的,供应商产品备货不及时或者产品原材料缺失,会导致供应商不能及时进行发货。

5. 其他因素

因火灾、地震等不可抗力因素的发生,导致原材料供不应求或者物流不畅通,延迟产品的到货时间。

四、改善建议

1. 做好产品选择工作

售后服务人员在选择产品时,要做好产品的调查和选择工作,选择质量优、可信度高、供货渠道稳定的产品作为营销的主推产品,避免出现大量的投诉和退货情况。

2. 挑选优质的物流公司

在选择物流公司时,要选择口碑优良、团队能力强的物流公司作为合作伙伴,保证产品在规定的时间内保质保量地送到用户手中。

3. 对售后服务人员进行培训

公司要制定售后服务人员工作规范,加强对售后服务人员的培训,提高售后服务人员的工作水平,规范售后服务人员的工作态度,为用户提供良好的售后体验。

4. 做好供应商选择

公司在选择供货渠道和供应商时,要确保供应商的货源和供货能力,保证供应商能及时进行发货,并保持良好的战略合作伙伴关系。

五、报告总结

本次报告对售后服务人员的售后服务工作进行了分析和总结,发现了产品营销过程中存在的诸多问题,对问题产生的原因进行了总结分析,并针对具体问题提出了相应的解决措施,为下一步的售后服务工作改进提出了新的思路。

售后服务是一个长期、复杂的工作过程,需要售后服务人员在今后的售后服务过程中不断地改善和提高,更好地为用户提供售后服务。

售后服务工作人员将在之后的售后服务工作中按照制定的售后服务规范去进行售后服务工作,提高售后服务水平,为营销活动做好助力。

以上是公司的售后服务工作情况,请各级领导审阅并作出下一步的指示。

编写人员		指导人员	
主送部门		抄送部门	
报告意见			

6.2 复盘

6.2.1 设计数据采集操作程序

通过复盘来分析营销结果,复盘首先要采集营销数据,数据的采集操作程序包含如图 6-2 所示的 4 个步骤。

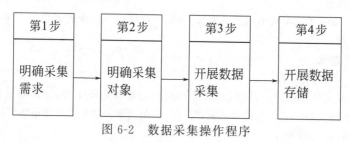

图 6-2 数据采集操作程序

(1) 第 1 步:明确采集需求

采集营销数据的第 1 步是确定采集需求,营销数据采集的目的是通过采集数据找出营销过程中存在的不足,通过问题分析发生的原因,并能根据采集的数据提出针对性的意见和建议,以便调整营销策略。

(2) 第 2 步:明确采集对象

明确营销数据采集的对象,采集对象主要包括订单量、成交数量、成交金额、成交总额、直播观看人数、粉丝量、新增粉丝量、观看次数、在线人数、回访数量、粉丝转化率、粉丝互动等。

(3) 第 3 步:开展数据采集

互联网营销人员可利用不同的采集方法采集营销数据,可直接从直播平台的后台或者第三方直播数据分析平台采集数据,其他的营销方式可从专有数据库、公共平台上采集营销数据。

(4) 第 4 步:开展数据存储

将营销数据从平台或者网站上导出,将营销数据进行合并、整理、分析、重组,将数据存储为可展示的格式。

6.2.2 制定数据维度和分析标准

直播结束后,要对整个直播过程进行数据复盘,主要从直播数据以及销售数据两个维度进行直播复盘分析,分析各个维度下的数据的实际情况以及存在的问题。

互联网营销人员要根据不同的数据维度去分析营销数据,不同营销数据有不同的分析标准,数据维度和分析标准如表 6-4 所示。

表 6-4 数据维度和分析标准

数据维度	具体类别	分析标准
直播数据	观看数据	分析直播间累计观看次数,观察哪个时间段观看数据最高,营销何种产品时观看数据最高以及观看数据的变化趋势
	开播数据	分析在特定的时间内开了几次直播,直播都维持在多长时间内,开播市场是否符合平台要求
	互动数据	分析直播时用户的留言量和留言人数,用户与主播互动的频率,分析哪个时间段的讨论度最高,是在讨论何种产品或者何种类型话题,通过讨论判断直播内容的吸引力和关注度
	点赞数据	分析直播间的用户参与度和直播热度,了解如何运用话术来引导用户点赞,获取平台更多的流量
	关注数据	分析在单次的直播过程中,新增加多少关注量,分析哪个时间段、哪一产品的关注量增长最多
	转化数据	分析直播间多少观看人数转化为关注者,并计算转化率;分析哪个时间段的转化率最高,并深度分析用户需求
	用户数据	分析关注者的基本信息,包括年龄、性别、地域、购买行为、购买偏好、购买标准等内容,根据基本信息分析关注者需求
	留存数据	分析用户在直播间停留时间和回访次数,关注用户对何种产品进行了停留,统计用户在停留时间的产品点击次数
销售数据	成交量数据	分析直播间产品的销售件数是多少,哪个产品销售比重最高,哪个产品销售比重最低,分析区域偏好和受众群体偏好

续表

数据维度	具体类别	分析标准
销售数据	成交总额数据	分析单次直播中产品的销售总额是多少,何种产品销售总额占比最高,何种产品销售总额最低,分析产品的定价是否符合消费者的消费水平
	成交人数数据	分析单次直播中购买产品的人数,用户的购买偏好和价格接受度,哪款产品的购买人数最多
	退换货数据	分析单次直播中产品的退换货率占比是多少,何种原因进行退换货,分析用户的投诉意见和投诉原因
	实际成交总额数据	分析单次直播中,去除退货金额、取消订单金额之后,实际的成交总额是多少,是否达到直播前的预测
	二次购买数据	分析忠实用户有多少,二次购买的频率和幅度是多少,分析二次购买的用户群体和购买偏好
	关注转化数据	分析关注者中多少人在直播间购买了产品,购买了何种产品,购买金额是多少,购买的频率是多少

6.2.3 采集营销数据

互联网营销人员需要按照数据采集操作程序来采集需要的营销数据,常见的营销数据采集方法主要有如表6-5所示的3种方法。

表6-5 营销数据采集方法

采集方法	具体内容
数据库采集法	◆ 数据库采集法是指从公司常使用的关系型数据库中采集相关的营销数据。互联网营销人员运用相关的数据库语句从数据库中提取需要采集的数据 ◆ 优点是操作简单,提取数据较快 ◆ 缺点是只能采集到自有平台的数据,不能获取其他平台的数据
数据接口采集法	◆ 通过连接各个平台开放的数据接口,采集不同平台的营销数据 ◆ 优点是能进行实时采集,可靠性和价值比较高,不存在数据重复的情况 ◆ 缺点是接口连接费用高,需要联系多个平台商家,工作量大,耗时长

续表

采集方法	具体内容
网络数据采集法	◆ 网络数据采集法是指互联网营销人员利用互联网搜索引擎技术进行数据的采集,并按照一定规则进行数据归类的方法 ◆ 优点是可从目标网页获取想要的营销数据,准确性高,实时性强 ◆ 缺点是使用范围较窄,需要具备一定的编程知识

6.2.4 统计营销数据

为了给直播复盘提供相应的数据支持,预测市场发展状况,明确市场定位,优化营销方案,需要对营销数据进行统计。

互联网营销人员将采集到的营销数据进行统计,常用的数据统计方法有6种,分别为排列法、分层法、因果分析图法、直方图法、控制图法和散布图法。具体如表6-6所示。

表6-6 常用营销数据统计方法

统计方法	使用方法
排列法	◆ 排列法是利用排列图来统计影响营销数据主次因素的一种有效方法,排列法的具体步骤如下所示 ① 收集数据。将采集的营销数据收集起来 ② 进行分层,列成数据表。将收集的营销数据,按不同的类别进行分层处理,每一层可称为一个项目 ③ 统计各个类别数据反复出现的次数,按频数的大小次序排序,列成数据表,作为计算时的基本依据 ④ 进行计算。计算出各个类别数据在总数据中的百分比
分层法	◆ 分层法是分析影响营销数据原因的方法 ◆ 其方法是把收集来的数据按照不同的目的加以分类,把性质相同、在同一生产条件下采集的数据归在一起。这样可使数据反映的事实更明显、更突出,便于找出问题,对症下药
因果分析图法	◆ 利用因果分析图法来系统整理、分析、寻找营销数据问题产生的原因,因果分析图法的注意事项如下所示 ① 因果分析图法通常从五个大方面去分析,即营销人员、营销手段、营销产品、营销方法和营销环境。 ② 每个大原因再具体化成若干个中原因,中原因再具体化成若干个小原因,越细越好,直到可以采取措施为止

续表

统计方法	使用方法
直方图法	◆ 直方图法是将收集到的营销数据进行分组整理,然后绘制成频数分布直方图,用以描述营销数据分布状态的一种统计方法
控制图法	◆ 控制图法是以控制图的形式,判断和预报营销过程中营销数据是否发生波动的一种常用的数据统计方法 ◆ 它能直接监视营销过程中的营销数据动态,具有稳定营销活动、保证销量、积极预防的作用
散布图法	◆ 散布图法指通过分析研究两种因素数据之间的关系,来控制影响营销数据的相关因素的一种有效方法

6.2.5 复核售前预测数据

营销结束后,要将营销数据与营销前的预测数据进行对比,分析营销效果是否超过预期,通过数据复核,总结营销过程中出现的问题。常见的售前预测数据复核方法是 Excel 表复核法和系统复核法,具体如表 6-7 所示。

表 6-7 常见营销数据复核方法

复核方法	使用方法
Excel 表复核法	◆ 使用方法。将售前数据和售后数据放到同一个 Excel 表中,选中所有的数据区域,将两类数据进行复核对比,Excel 会自动选中不同的数据,将不同的数据标记为一个特殊颜色,进行区分 ◆ 优点。使用 Excel 表进行数据的复核,能对两类数据进行清晰的对比和展示,使复核结果更为直观和实用 ◆ 缺点。Excel 表不适用于大规模数据的复核
系统复核法	◆ 使用方法。将售前数据与售后数据以相同的形式分到两个文件中,将文件放入操作系统中,点击比较按钮,系统会自动标出两个文件中不同的部分 ◆ 优点。能对大批量的数据进行复核比较,操作简便 ◆ 缺点。公司自主研发复核系统或者使用第三方复核系统,成本较高

6.2.6 人货场盘点

直播复盘最重要的便是人货场的盘点,在进行人货场盘点时,应该盘点以下内容。

（1）人员复盘

① 主播。盘点直播过程中主播的话术、产品介绍情况、氛围营造情况、应急应变能力等。

② 副播。盘点直播过程中副播与主播的配合情况，回答粉丝问题情况。

③ 场务控制。盘点设备使用和维护情况，产品链接上传情况。

④ 客服。盘点用户售后问题情况，优惠券的使用情况。

（2）货品复盘

① 产品选品。盘点直播间的选品是否合理，是否符合用户的购买期望，盘点产品的核心卖点。

② 产品销售。盘点产品的销售量与预期销售量的差距，盘点直播过程中的销售爆款、引流款和利润款。

（3）场景复盘

场景盘点主要盘点直播间场地布置、直播间设备、直播间背景、直播间灯光设置、产品摆放陈列等。

6.2.7 优化营销方案

找到营销过程中出现的问题后，就要去讨论如何优化营销方案，并在下次直播中执行优化后的营销方案。营销方案中主要优化的对象包括如表 6-8 所示的 6 种。

表 6-8 营销方案的优化方法

优化对象	具体内容
产品	◆ 产品优化主要围绕着产品介绍技巧和产品介绍顺序来优化 ◆ 在对产品进行介绍时，要对产品的功能、优势、成分、优惠信息进行充分的介绍，突出产品的核心优势 ◆ 要对产品介绍的顺序进行优化，可以把一些产品作为引流产品，进行秒杀，吸引流量，然后再推出主销产品进行销售，中间穿插产品秒杀，留住用户
人员	◆ 主播要打造受欢迎的人设，形成特色，加深定位，能精确地吸引到更多的用户 ◆ 副播要积极做好配合工作，帮助主播展示产品，补充主播遗漏的地方，积极与用户进行互动，回答用户的问题 ◆ 场务控制要加强对直播节奏的掌握，遵照直播流程，做好各种设施的检查工作

续表

优化对象	具体内容
气氛	互联网营销人员要利用不同的直播活动来活跃直播间的气氛,适当增加秒杀、赠送优惠券、抽红包、抽奖、连麦等活动,活跃直播间的用户
主题	营销主题的策划应该直击营销活动的特点,并契合市场的发展趋势,整场营销活动都应该围绕着营销主题进行
时间	◆ 对直播的开播时间、开播时长进行优化 ◆ 根据用户群体的观看时间和观看高峰期,合理规划直播的开播时间和开播时长,以保持较高的观看流量
渠道	选择用户群体较多、具有较高知名度的营销渠道进行直播活动,不仅可以增加曝光率,还可以吸引更多的用户进入直播间进行消费

第7章
团队建设与管理

7.1 团队架构设计

7.1.1 搭建团队架构

为保证互联网营销团队的高效运行,加强团队内部结构调整以及团队内部人员变动管理,互联网营销人员应搭建团队组织架构,使团队分工规范化、合理化、程序化。这里以搭建一个完整的互联网营销中心团队架构来说明,具体如图7-1所示。

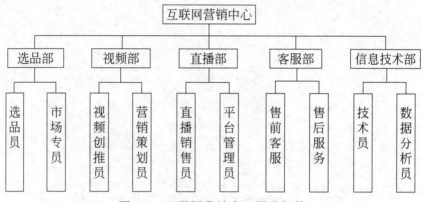

图 7-1 互联网营销中心团队架构

无论互联网营销团队包含多少岗位及人员,都必须包含选品员、视频创推员、直播销售员、平台管理员4类人员,这4类人员的具体岗位职责如表7-1所示。

表 7-1 互联网营销人员岗位职责表

人员	职责	描述
选品员	市场调研与信息分析	◆ 收集、筛选产品信息 ◆ 对收集的产品按照用户及竞品开展调研工作 ◆ 做好样品的信息分类、比对及价格分析工作
选品员	样品分析商谈合作	◆ 搜集样品,对样品开展试用与分析工作 ◆ 制定产品营销方案,与供应商开展产品合作洽谈,签订合作协议 ◆ 建立供应商信息库

续表

人员	职责	描述
选品员	产品选定	◆ 梳理产品品类规划 ◆ 对选定的产品进行全面的分析,预判热销产品及产品销量 ◆ 根据数据分析和用户反馈,结合市场需求优化适合公司各业务线调性的产品结构、品类比例 ◆ 进一步挖掘新产品和爆款产品
视频创推员	视频拍摄	◆ 根据领导要求撰写视频创意方案与拍摄分镜脚本,确定视频内容 ◆ 根据创意方案及拍摄分镜脚本选择相关设备、道具、演员、服装、拍摄地点,制定出精确的拍摄时间表 ◆ 安排合理的拍摄手法,力求良好的画面、声音、效果,以达到整体策划、脚本及后期制作的要求 ◆ 按时按量拍摄所需的视频素材,尽量避免补拍情况的发生,合理安排拍摄时间,减少开支
视频创推员	视频后期	◆ 负责以分镜脚本为大纲,根据音乐的节奏及要求对影片进行剪辑,使影片达到预期的视觉效果 ◆ 负责从整体上对画面的色调、风格,以及影片的节奏进行调整,在保证影片整体结构与表达信息不变的前提下,增强艺术感染力 ◆ 负责从整体上对背景音乐、配音、音效等音频效果做进一步调整,使影片整体声音效果和谐统一
视频创推员	视频管理	◆ 负责互联网自媒体平台的日常运营及推广工作 ◆ 负责策划并执行日常活动及跟踪维护 ◆ 负责增加粉丝数,提高关注度和粉丝的活跃度,并及时与粉丝互动 ◆ 负责挖掘和分析用户使用习惯、情感及体验,及时掌握新闻热点,有效完成专题策划活动
直播销售员	出镜直播销售	◆ 直播平台直播出镜,介绍产品并演示使用方法,进行平台引流 ◆ 带动直播间气氛与用户互动,应对直播间的用户提问,引导用户关注直播间,达成粉丝关系及维护粉丝关系 ◆ 实现产品销售
直播销售员	配合推广	◆ 根据视频创推员的设计,出镜录制或配合录制相关视频 ◆ 协助分享录制的推广视频、账号运营等

续表

人员	职责	描述
平台管理员	平台建设	◆ 根据互联网营销的计划进行平台的建设 ◆ 对互联网营销平台进行不断的优化与完善
	平台服务	◆ 平台前端用户行为分析、数据挖掘、流程优化，具体有用户量、交易量、交易额、每用户平均收入（ARPU值）等数据维度 ◆ 平台后端服务提供者的服务管理、优化、合作等
	平台运行管理	◆ 统筹平台相关活动的策划、营销、推广等活动开展 ◆ 统筹平台的日常维护、咨询、投诉、售后服务、反馈等

7.1.2 调整团队分工

互联网营销团队在运行过程中，管理人员需综合考虑自身的发展情况、外部环境的变化以及目前团队分工存在的问题，在调查分析的基础上，对团队分工进行调整。如何有效开展团队分工调整工作，对互联网营销人员来说十分重要。调整团队分工的程序如图7-2所示。

图7-2 调整团队分工的程序

（1）第1步：发放团队分工调整意见表

① 互联网营销人员将团队分工调整意见表发放至团队成员。

② 收到团队分工调整意见表的人员应当主动发表自己的意见。

（2）第2步：汇总分析团队分工调整意见

互联网营销人员整理所有团队分工调整意见，在汇总整理时应当坚持全面、客观、细致的原则，实现统计无遗漏、表达客观的目标。

（3）第3步：设计团队分工调整方案

① 互联网营销人员根据团队分工调整意见，初步设计团队分工调整方案。

② 针对初步的调整方案，团队各部门成员积极参与讨论并汇总讨论结果。

③ 根据讨论结果编制正式的团队分工调整方案。

（4）第 4 步：实施团队分工调整方案

根据团队分工调整方案，互联网营销人员负责编制新的团队分工表，表 7-2 为某直播团队分工表样例。

表 7-2　直播团队分工表样例

岗位名称	姓名	工作内容
直播运营	×××	清点直播设备
		搭建直播间
		统计直播数据
		收发直播样品
		确定直播价格
		宣发直播预告
		上传直播链接
		管理后台评论
		管理直播间观众
设备管理员	×××	调试、维护、检修直播设备
导播	×××	摆放直播产品
		切换直播镜头
		记录直播过程
主播	×××	讲解产品,与观众互动
		介绍促销活动和促单
		引导观众关注
		调动直播间氛围
		参与前期的选品与直播策划
编导	×××	撰写直播方案
		撰写与讲解直播台本

7.1.3　制定团队考核标准

互联网营销人员应制定团队考核标准，下面选取 5 个关键岗位，分别为直播带货主播、产品营销经理、视频营销专员、线上广告投放专员、营销策划专员的绩效考核量表进行介绍。

（1）直播带货主播绩效考核量表

直播带货主播绩效考核指标主要有 6 个，其中 2 个关键绩效指标（key performance indicator，以下简称 KPI）为：销售指标完成率、销售转化率，据此设计的直播带货主播绩效考核量表如表 7-3 所示。

表 7-3　直播带货主播绩效考核量表

考核指标	量化考核说明		
	比率公式与指标描述	权重	考核标准
销售指标完成率	销售指标完成率＝$\dfrac{实际销售额}{计划销售额}\times 100\%$	30%	◆ 销售指标完成率在＿＿％以上,得＿＿分 ◆ 每减少＿＿％,扣＿＿分 ◆ 低于＿＿％,不得分
销售转化率	销售转化率＝$\dfrac{产生购买行为的客户人数}{直播观看人数}\times 100\%$	20%	◆ 销售转化率在＿＿％以上,得＿＿分 ◆ 每减少＿＿％,扣＿＿分 ◆ 低于＿＿％,不得分
转粉率	转粉率＝$\dfrac{新增粉丝人数}{直播观看人数}\times 100\%$	15%	◆ 转粉率在＿＿％以上,得＿＿分 ◆ 每减少＿＿％,扣＿＿分 ◆ 低于＿＿％,不得分
互动率	互动率＝$\dfrac{公共屏幕评论人数}{直播观看人数}\times 100\%$	15%	◆ 互动率在＿＿％以上,得＿＿分 ◆ 每减少＿＿％,扣＿＿分 ◆ 低于＿＿％,不得分
上播时长	平均每日上播时长	10%	◆ 按时完成,得＿＿分 ◆ 平均每天播 8 小时,加＿＿分,最高加＿＿分 ◆ 平均每天播 6 小时,不加分也不扣分 ◆ 平均每天播 4 小时,扣＿＿分
产品熟练度	对产品卖点的掌握程度以及主播营销话术是否有效	10%	◆ 熟练掌握产品卖点,有自己营销话术,并被大多数粉丝喜欢,得＿＿分 ◆ 熟悉产品特点,有自己的营销话术,得＿＿分 ◆ 对产品特点生疏,需要对照产品资料口播,得＿＿分

（2）产品营销经理绩效考核量表

产品营销经理绩效考核指标主要有 7 个，其中 3 个 KPI 为：营销活动举办成功率、所在平台市场占有率、投放广告流量转化率，据此设计的产品营销经理绩效考核量表如表 7-4 所示。

表 7-4　产品营销经理绩效考核量表

考核指标	量化考核说明		
	比率公式与指标描述	权重	考核标准
营销活动举办成功率	营销活动举办成功率＝$\dfrac{\text{效果显著的营销活动数}}{\text{举办营销活动总数}} \times 100\%$	20%	◆ 营销活动举办成功率在＿＿％以上，得＿＿分 ◆ 每降低＿＿％，扣＿＿分 ◆ 低于＿＿％，不得分
所在平台市场占有率	所在平台市场占有率＝$\dfrac{\text{产品或服务所占市场份额}}{\text{市场总量}} \times 100\%$	20%	◆ 所在平台市场占有率在＿＿％以上，得＿＿分 ◆ 每降低＿＿％，扣＿＿分 ◆ 低于＿＿％，不得分
投放广告流量转化率	投放广告流量转化率＝$\dfrac{\text{广告的投放成本}}{\text{流量增量}} \times 100\%$	20%	◆ 投放广告流量转化率在＿＿％以上，得＿＿分 ◆ 每减少＿＿％，扣＿＿分 ◆ 低于＿＿％，不得分
市场调研及时率	市场调研及时率＝$\dfrac{\text{按时完成的市场调研报告数}}{\text{需提交市场调研报告总数}} \times 100\%$	10%	◆ 市场调研及时率在＿＿％以上，得＿＿分 ◆ 每降低＿＿％，扣＿＿分 ◆ 低于＿＿％，不得分
目标客户定位准确率	目标客户定位准确率＝$\dfrac{\text{客户反馈人数}}{\text{精准投放的客户总数}} \times 100\%$	10%	◆ 目标客户定位准确率在＿＿％以上，得＿＿分 ◆ 每降低＿＿％，扣＿＿分 ◆ 低于＿＿％，不得分
产品文案转化率	产品文案转化率＝$\dfrac{\text{产品文案投放次数}}{\text{客户成交订单增加数}} \times 100\%$	10%	◆ 产品文案转化率在＿＿％以上，得＿＿分 ◆ 每减少＿＿％，扣＿＿分 ◆ 低于＿＿％，不得分
品牌知名度	消费者对产品或服务品牌的熟悉程度	10%	根据品牌提升度的实际情况进行评分，对品牌知名度造成负面影响的本项不得分

（3）视频营销专员绩效考核量表

视频营销专员绩效考核指标主要有 6 个，其中 3 个 KPI 为：视频转化率、视频点赞率、视频评论率，据此设计的视频营销专员绩效考核量表如表 7-5 所示。

表 7-5 视频营销专员绩效考核量表

考核指标	量化考核说明		
	比率公式与指标描述	权重	考核标准
视频转化率	视频转化率＝$\dfrac{产生购买行为的人数}{所有观看短视频的人数}\times 100\%$	20%	◆ 视频转化率在____%以上，得____分 ◆ 每减少____%，扣____分 ◆ 低于____%，不得分
视频点赞率	点赞率＝$\dfrac{点赞量}{点击量}\times 100\%$	20%	◆ 视频点赞率在____%以上，得____分 ◆ 每减少____%，扣____分 ◆ 低于____%，不得分
视频评论率	评论率＝$\dfrac{评论量}{点击量}\times 100\%$	20%	◆ 视频评论率在____%以上，得____分 ◆ 每减少____%，扣____分 ◆ 低于____%，不得分
视频完播率	完播率＝$\dfrac{完成观看视频的用户个数}{看视频的用户个数}\times 100\%$	15%	◆ 视频完播率在____%以上，得____分 ◆ 每减少____%，扣____分 ◆ 低于____%，不得分
有效互动率	有效互动率＝$\dfrac{有过广告互动行为的独立访客数}{广告曝光独立访客数}\times 100\%$	15%	◆ 有效互动率在____%以上，得____分 ◆ 每减少____%，扣____分 ◆ 低于____%，不得分
视频原创率	原创率＝$\dfrac{周期内原创总视频数}{周期内发总视频数}\times 100\%$	10%	◆ 视频原创率在____%以上，得____分 ◆ 每减少____%，扣____分 ◆ 低于____%，不得分

（4）线上广告投放专员绩效考核量表

线上广告投放专员绩效考核指标主要有 6 个，其中 3 个 KPI 为：流量增长率、广告投放准确率、平台覆盖增长率，据此设计的线上广告投放专员绩效考核量表如表 7-6 所示。

表 7-6　线上广告投放专员绩效考核量表

考核指标	量化考核说明		
	比率公式与指标描述	权重	考核标准
流量增长率	流量增长率＝$\dfrac{\text{广告投放期间流量增量}}{\text{流量平均值}} \times 100\%$	20%	◆ 流量增长率在____%以上，得____分 ◆ 每降低____%，扣____分 ◆ 低于____%，不得分
广告投放准确率	广告投放准确率＝$\dfrac{\text{用户准确接收的广告数}}{\text{广告投放总数}} \times 100\%$	20%	◆ 广告投放准确率在____%以上，得____分 ◆ 每降低____%，扣____分 ◆ 低于____%，不得分
平台覆盖增长率	平台覆盖增长率＝$\dfrac{\text{广告投放的平台个数}}{\text{历史广告投放平台个数}} \times 100\%$	15%	◆ 平台覆盖增长率在____%以上，得____分 ◆ 每降低____%，扣____分 ◆ 低于____%，不得分
广告转化率	广告转化率＝$\dfrac{\text{访问增长量}}{\text{单位广告投放数}} \times 100\%$	15%	◆ 广告转化率在____%以上，得____分 ◆ 每减少____%，扣____分 ◆ 低于____%，不得分
投放方式合理性	是否充分考虑广告投放的实际效果，不可机械式投放	15%	◆ 投放方式丰富多样，根据不同平台用户的特点不同，采取对应的广告投放方式，得____分 ◆ 投放方式单一，不考虑不同群体的接受度，不得分
投放产出率	投放产出率＝$\dfrac{\text{销售订单增加额}}{\text{广告投放成本}} \times 100\%$	15%	◆ 投放产出率在____%以上，得____分 ◆ 每降低____%，扣____分 ◆ 低于____%，不得分

（5）营销策划专员绩效考核量表

营销策划专员绩效考核指标主要有 8 个，其中 3 个 KPI 为：策划工作按时完成率、媒体正面曝光次数、合作单位满意度，据此设计的营销策划专员绩效考核量表如表 7-7 所示。

表 7-7　营销策划专员绩效考核量表

考核指标	量化考核说明		
	比率公式与指标描述	权重	考核标准
策划工作按时完成率	策划工作按时完成率=$\dfrac{\text{按时完成的策划工作的次数}}{\text{策划工作的总次数}}\times 100\%$	20%	◆ 策划工作按时完成率大于等于____%,得____分 ◆ 策划工作按时完成率小于____%,每减少____%扣____分 ◆ 低于____%,不得分
媒体正面曝光次数	考核期间内媒体发布宣传公司的新闻报道及广告次数	20%	◆ 媒体正面曝光次数大于等于____次,得____分 ◆ 媒体正面曝光次数小于____次,每减少____次扣____分 ◆ 媒体正面曝光次数低于____次,不得分
合作单位满意度	考核期内合作单位的满意度评分	20%	◆ 合作单位满意度大于等于____分,得____分 ◆ 合作单位满意度小于____分,每减少____分扣____分 ◆ 合作单位满意度小于____分,不得分
创意计划完成率	创意计划完成率=$\dfrac{\text{完成的创意计划的数量}}{\text{提出的创意计划的数量}}\times 100\%$	10%	◆ 创意计划完成率大于等于____%,得____分 ◆ 创意计划完成率小于____%,每减少____%扣____分 ◆ 创意计划完成率低于____%,不得分
策划方案一次性通过率	策划方案一次性通过率=$\dfrac{\text{一次性通过的策划方案数量}}{\text{提交的策划方案数量}}\times 100\%$	10%	◆ 策划方案一次性通过率大于等于____%,得____分 ◆ 策划方案一次性通过率小于____%,每减少____%扣____分 ◆ 策划方案一次性通过率低于____%,不得分
促销活动成功率	促销活动成功率=$\dfrac{\text{成功举办的促销活动的数量}}{\text{举办的促销活动的数量}}\times 100\%$	10%	◆ 促销活动成功率大于等于____%,得____分 ◆ 促销活动成功率小于____%,每减少____%扣____分 ◆ 促销活动成功率低于____%,不得分

续表

考核指标	量化考核说明		
	比率公式与指标描述	权重	考核标准
广告费用增销率	广告费用增销率＝$\dfrac{销售量增长率}{广告费用增长率}\times100\%$	5%	◆ 广告费用增销率与上一季度持平,得____分 ◆ 广告费用增销率高于上一季度,每增加____%加____分 ◆ 广告费用增销率低于上一季度,每减少____%减____分
媒体广告的按时发布次数	考核期间内媒体广告是否都按时发布	5%	◆ 媒体广告全部按时发布,得____分 ◆ 媒体广告每延期一次,扣____分,直至扣完

7.1.4 掌握跨部门协作沟通技巧

跨部门协作沟通,不仅涉及人,还涉及职位、资源、利益等。互联网营销人员应掌握跨部门沟通技巧,减少跨部门沟通障碍,让协作更有效。

（1）正确选择沟通渠道

跨部门沟通是借助一定的渠道和平台完成的。互联网营销人员应结合实际情况,运用合适的沟通渠道,达到理想的效果。常见的跨部门沟通渠道主要有会议沟通、文书沟通和即时沟通三种,具体如表 7-8 所示。

表 7-8 跨部门沟通渠道说明表

渠道类型		渠道说明
会议沟通	部门经理例会	即通过定期组织各部门经理参加例行会议,增加部门经理对其他部门工作业务、进度和问题的了解程度,共同分析和探究问题解决办法
	部门协调会议	即围绕某一项目或任务,定期组织相关部门负责人就项目或任务完成情况进行沟通协调,共同研究、分析和解决出现的各种问题
文书沟通	通知公告	即将某些事项以书面通知或公告的形式告知企业各职能部门;根据适用范围的不同,主要包括发布性通知、批复性通知、任免性通知和事务性通知

续表

渠道类型		渠道说明
文书沟通	会签单	即以书面形式,就某一事项或方案征询和记录各部门领导意见的沟通形式
	报表报告	即以书面形式向其他部门提供业务数据、说明工作状况的沟通方式
即时沟通	面谈电话	即各部门人员通过面谈或电话的形式进行沟通协调
	软件平台沟通	即各部门人员借助一定的即时沟通软件进行沟通联系,共同交流、分析和解决相关问题

（2）管理部门间利益冲突

部门间的利益冲突是影响跨部门沟通的重要障碍之一。互联网营销人员可采取以下措施,妥善预防和处理各部门间的利益冲突,为跨部门沟通扫清障碍。

① 及时发现和处理利益冲突隐患,将冲突消灭在萌芽状态。

② 建立灵活合理的冲突处理机制,推动冲突处理的顺利进行。

③ 做好冲突后续管理工作,努力缓和、拉近冲突双方关系,消除冲突产生的不良影响。

（3）增进各部门业务了解

跨部门沟通时,对其他部门业务和工作特征的不熟悉也是影响跨部门沟通的重要因素之一。互联网营销人员可采取以下措施增进各部门间的相互了解,推动跨部门沟通的顺利进行。

① 向各部门领导清晰介绍相关部门的基本知识（如工作职能、工作流程、权责规定、正常工作投入和工作产出等）,增加其对其他部门的了解程度。

② 合理制定和推进部门间的岗位轮换机制,如市场部人员可与选品部人员进行岗位轮换,推动相关员工对其他部门和岗位的学习了解、知识积累、技能掌握。

③ 在跨部门沟通中,引导员工展现自己、学习他人,激励其树立全局观念,自发地了解和学习其他部门的运作方式和工作特征。

（4）拉近各部门员工关系

互联网营销人员可通过拉近和改善各部门员工间的关系,让员工以良好的人际关系来接纳和包容其他部门员工,进而有效提高跨部门沟通的效果。一般而言,常见拉近员工关系的方法主要有以下5种。

① 通过建立和谐包容的企业文化、营造团结互助的工作氛围,来改善各部门员工关系。

② 通过组织开展员工集体活动来增加相互间的沟通了解,改善相互关系。

③ 通过合理消除员工间的冲突、矛盾来改善其相互关系。

④ 通过增加工作上的交流合作,来促进相互了解,拉近员工关系。如在直播策划过程中加入运营人员讨论,共同分析问题,预测效果。

⑤ 通过引导和调节员工间的非正式沟通,来改善其相互的关系。

（5）优化部门组织结构

互联网营销人员可通过优化部门组织结构的方式来适当弥补现有的跨部门沟通问题,促进各岗位、各部门之间的沟通协作。具体操作思路如下。

① 收集部门沟通协作中的主要问题,分析问题原因。

② 对问题涉及的相关岗位进行工作分析,科学、客观地评估相关工作事项之间的联系。

③ 科学梳理相关岗位的工作职能。对于沟通问题突出的相关岗位,考虑将多岗位共同负责的、关系比较紧密的事项,整体划分至某一岗位,以减少该工作事项的沟通成本。

④ 合理优化部门的组织结构和岗位设置,可考虑将与其他部门联系紧密的非核心岗位划分至相关部门,将跨部门沟通转换为部门内沟通。

7.2 团队文化建设

7.2.1 建立员工评价体系

互联网营销人员与业务部门主管应对下属员工进行全面评价,发现其工作中的优缺点,充分挖掘其潜力,为员工工作绩效的改进提供依据。员工评价体系一般包括员工工作能力、工作知识、职业素养、个人素养等。以市场营销类岗位为例,员工评价体系如表 7-9 所示。

表 7-9 市场营销类岗位员工评价体系

评价项目			评价标准
工作能力	市场信息分析能力	一级	了解搜集市场信息的方法和技巧,并根据对信息的分析,预测未来市场竞争趋势
		二级	了解部分搜集市场信息的方法,但无法准确、深入地对市场信息进行分析
		三级	不了解市场信息搜集的方法和技巧,无法对相关信息进行分析

续表

评价项目			评价标准
工作能力	市场导向能力	一级	具有较强的市场意识,密切关注市场动向,在进行工作决策时会考虑市场因素
		二级	具有一定的市场意识,无法在工作决策的过程中考虑市场因素
		三级	缺乏市场意识,不关注市场动向,工作决策与市场因素脱钩
	沟通能力	一级	能够针对不同客户,选择适当的表达方式,善于利用沟通技巧化解矛盾
		二级	沟通技巧和表达方式较为单一,无法针对沟通对象选择适宜的沟通技巧
		三级	不了解沟通技巧,无法选用适宜的沟通方式,与人沟通时会产生矛盾、冲突
	创新能力	一级	能够灵活变动地完成工作任务,善于使用新思维、新技巧解决工作中遇到的难题
		二级	具有一定创新意识,能够灵活地完成各项工作任务,但解决工作难题的方式呆板
		三级	创新意识较低,机械地完成各项工作任务,无法解决工作中出现的新问题
工作知识	营销知识	一级	熟练掌握营销知识的操作运用原理,能够在实践中创造品牌效应、创造价值
		二级	了解部分营销知识的运用原理,能够利用其展开营销工作,但无法创造品牌价值
		三级	对营销知识缺乏了解,无法运用营销知识为企业创造价值
	公共关系知识	一级	能够将公共关系知识与企业实际情况相结合,做好公关调研、公关宣传等工作
		二级	对公共关系知识的运用较为呆板,公关宣传和公关调研的效果一般
		三级	不了解公共关系知识,无法进行有效的公共宣传

续表

评价项目			评价标准
工作知识	产品知识	一级	精通企业所有产品的详细资料,并能对未来产品的规划与设计提出合理化建议
		二级	了解企业部分产品,但无法准确对未来产品进行规划
		三级	对企业产品的相关信息缺乏了解
职业素养	客户意识	一级	能主动了解客户的期望和要求,与客户寻求合作的战略规划,使双方达到共赢
		二级	虽了解客户的需求,但制定的战略规划缺乏长远目标
		三级	不了解客户的需求,无法制定双方共赢的战略规划
	全局意识	一级	能从全局出发,不计较个人得失,服从指挥,彻底贯彻命令
		二级	具有一定的全局意识,但在企业利益和个人利益产生冲突时,执行命令比较勉强
		三级	缺乏全局意识,过于计较个人得失,甚至产生损害企业利益的行为
	主动性	一级	自觉完成各项工作任务,并不断主动学习,获取新经验和新技能
		二级	在上级的督促下能够完成工作任务,但缺乏学习的主动性
		三级	无法完成工作任务,不愿意学习新知识和新技能
个人素养	建立关系	一级	能与他人建立长期可信赖的关系
		二级	不易与他人建立可信赖的长期关系
		三级	不易与他人相处,自我表现封闭
	团队合作	一级	善于与他人合作,相互支持,充分发挥各自优势,保持良好的工作氛围
		二级	团队合作精神不强,对工作有一定影响,但可以保证团队任务的完成
		三级	不能很好地与他人合作,不在乎团队任务完成与否
	敏感性	一级	容易感知别人的想法,体谅他人,善于领会他人的请求,并提供有帮助的言行
		二级	能关心他人,体谅他人,领会他人的请求,有时想办法帮忙解决
		三级	不太关心他人,对他人的请求毫无感觉

续表

评价项目			评价标准
个人素养	影响能力	一级	能以自己积极的言行引导团队成员努力工作
		二级	有时能积极地影响他人
		三级	对他人毫无影响力甚至起到负面作用
	说服力	一级	能表述自己的主张、论点与理由,比较容易说服别人接受某一看法或意见
		二级	有时能说服别人接受某一看法或意见
		三级	说服别人比较困难,咄咄逼人或逃避退让

7.2.2 建立员工相互评价机制

相互评价是在企业内部,同事之间、部门之间等平行关系的评价,具体操作方法为由某位员工的同事及部属,联合起来对该员工加以评价,以其同事及部属的评价结果作为该员工升迁、考绩的参考。相互评价机制可通过员工相互评价表并经过分析建立,员工相互评价表如表 7-10 所示。

表 7-10 员工相互评价表

评价项目		评价标准
任务完成	A(10 分)	很好,工作业绩突出,有卓越成就
	B(8 分)	较好,能胜任工作,圆满完成任务,完成质量比标准高
	C(6 分)	一般,工作如期完成,符合要求
	D(4 分)	较差,工作效率低,无法按时完成任务
目标意识	A(10 分)	很好,勇于挑战,不畏困难,为实现目标竭尽全力
	B(8 分)	较好,能够主动改善工作效率,努力实现工作目标
	C(6 分)	一般,能够完成工作目标,但缺少工作激情
	D(4 分)	较差,遇问题和困难则退缩,工作不出成果
学习意识	A(10 分)	很好,能够以身作则,带动他人学习
	B(8 分)	较好,能够主动学习,积极接纳新知识
	C(6 分)	一般,需要督促才能学习,无主动学习热情
	D(4 分)	较差,学习进度慢,且无学习意愿

续表

评价项目	评价标准	
团队建设	A(10分)	很好,有很好的选人、识人、用人能力
	B(8分)	较好,有辨别员工的基本能力和选人能力
	C(6分)	一般,缺少选人概念和用人理念
	D(4分)	较差,不清楚如何选人和用人
团队融入	A(10分)	很好,能积极主动融入团队,与其他成员相处非常融洽
	B(8分)	较好,能够融入团队,与其他成员相处比较融洽
	C(6分)	一般,融入团队较慢,但不影响正常工作
	D(4分)	较差,与团队其他成员相处不够融洽,影响正常工作
团队协作	A(10分)	很好,能实时关注团队绩效目标,并努力实施
	B(8分)	较好,能主动关注并实施
	C(6分)	一般,有时能主动关注并配合
	D(4分)	较差,只顾自己工作,不注意团队整体目标的实现
知识容量	A(10分)	很好,工作业务全面掌握,一定程度上可以给予其他同事帮助
	B(8分)	较好,业务知识全面充分了解
	C(6分)	一般,业务知识待提高
	D(4分)	较差,缺乏业务知识,且无提升意愿
创新能力	A(10分)	很好,创新能力强,且善于规划,能提出独特见解
	B(8分)	较好,工作中有创新,能改进自身工作
	C(6分)	一般,尚能规划,少创新,多墨守成规
	D(4分)	较差,不能创新,不愿打破现状
未来发展	A(10分)	很好,定位清晰,有自己规划,未来发展可期
	B(8分)	较好,需要进行职业指导和定位
	C(6分)	一般,需要不断督促和指导
	D(4分)	较差,看不到发展的方向和迹象,没有明确定位
责任意识	A(10分)	很好,非常积极认真工作,并为别人创造条件
	B(8分)	较好,快速认真地解决出现的问题
	C(6分)	一般,遇到问题会去解决,但不能做到快速认真
	D(4分)	较差,对分内工作不够负责

续表

评价项目		评价标准
纪律遵守	A(10分)	很好,严格遵守公司制度和工作纪律
	B(8分)	较好,基本上不违反制度、纪律
	C(6分)	一般,虽了解纪律,但经常违反
	D(4分)	较差,工作散漫,常不按纪律制度办事

7.2.3 建立团队文化理念

互联网营销团队应建立团队文化理念,提升团队形象美誉度,提升团队价值认同感,提升团队内部凝聚力,提升团队行为规范性,提高员工的文化水平、道德素质,增强工作动力。

(1) 团队文化理念建立步骤

团队文化理念是团队发展的信念,是对团队文化的共识,是每位员工的信仰。它具有目标性、前瞻性、准确性,有了团队文化理念才能使团队不断发展壮大。

① 邀请有关专家与领导和员工座谈,征集团队文化理念建设意见。

② 汇总理念建议,由总经理审批确定。

③ 编制员工手册,大力宣传团队文化规范和理念。

④ 团队文化理念初步形成后,制作团队文化理念视频,在有影响力的新闻媒体进行宣传,树立良好的团队形象。

(2) 团队文化理念建立途径

互联网营销人员应通过以下途径建立团队文化理念,如表7-11所示。

表7-11 团队文化理念建立途径

序号	建立途径	实施说明
1	领导示范	团队领导者通过说服、协商、参与、命令、榜样等方式有意识地将文化融入日常行为,以身作则,推广团队文化
2	培训教育	培训是集中、系统的教授过程,可以迅速地在广泛的范围内形成学习气氛,实现宣传效果
3	舆论导引	通过各种会议、利用报刊、橱窗、标牌等方式,对团队的建设理念、价值观念和行为准则进行宣传和引导,形成团队文化宣传的良好氛围

续表

序号	建立途径	实施说明
4	行为激励	团队对于在经营活动中充分体现团队精神、作风的行为给予奖励和表彰
5	树立典范	通过培育"文化标兵",发现文化先进工作者,积极宣传文化楷模,并通过组织对模范人物的学习,充分汲取其团队文化建设和实践的经验和心得
6	利用事件	各部门密切配合团队的行为和表态,把握团队内外部的重大事件的发生时机,以团队的具体行动表明团队的理念
7	活动感染	各部门积极配合团队组织的相关团队文化活动,结合业务或利用业余时间创造性地开展团队文化建设活动,增加团队凝聚力,激发员工创造力
8	形象塑造	各部门在进行团队形象的设计、塑造、展示和传播时,应注重加强员工对团队形象认知,各项工作必须严格遵循团队形象的相关规定,自觉维护团队形象

7.2.4 制定团队管理规范

为规范团队的管理,充分发挥和协调员工的工作积极性,明确工作内容与工作标准,互联网营销人员应制定团队管理规范,保证项目、团队的高效运行。以直播团队为例,制定团队管理规范。

规范名称	直播团队管理规范		受控状态	
			编　号	
执行部门		监督部门	编修部门	

第1章　总则

第1条　目的

为了规范公司直播团队建设管理,明确团队成员的职责,完善直播人员绩效考核机制,加强直播团队日常行为管理,打造专业化直播队伍,特制定本规范。

第2条　适用范围

本规范适用于公司直播团队建设、绩效考核实施以及直播团队日常管理等事项。

第3条　名称解释

1.本规范所称直播团队,是指经过直播管理人员申请、审批,由直播人员组成的有一定规模和角色分工的专业队伍。

2.本规范所称直播人员,是指与公司签订劳动合同或聘用协议、直接从事公司直播销售和平台管理的在编人员。其中直播销售人员统称为"直播销售员",平台管理人员统称为"平台管理员"。

第2章 直播团队建设管理

第4条 直播团队建设标准

1.主管人员根据公司的业务结构、直播人员的编制情况,结合上级领导下达的销售目标,建立相匹配的直播团队。

2.直播团队由平台管理员4人,直播销售员若干组成。

第5条 直播团队建设流程

1.主管人员规范填制"直播团队组建申请表",交人力资源部审核,报总经办审批。

2.经审批后,向直播部和人力资源部申报团队备案,并由人力资源部在人力资源系统中设置代码。

3.主管人员将团队信息录入到相关销售系统中,用以统计团队业绩,记录团队活动。

4.直播团队审核、审批和组建工作原则上在每年一月份完成。

第6条 直播团队合并、裂变和撤销管理

1.当直播团队人员或业务规模低于团队最低组建标准,或为进一步加强团队建设和业务扩展,公司可在几个团队的基础上合并成立一个新团队,新成立的团队须达到团队成立的组建标准。

2.当团队业务达到一定规模或人员数量超出团队组建标准时,团队可进行裂变以防止团队规模过大导致团队管理效应下降以及平均绩效低下。

3.当直播团队业务规模低于团队最低组建标准,或业务模块取消,或团队直播效应降低到一定程度,公司可根据团队撤销程序撤销团队。

第3章 直播团队人员管理

第7条 资质要求

1.直播主管资质要求。

(1)电子商务、公司管理等相关专业本科以上学历,具有3年以上直播经验,同时具有1年以上直播管理经验。

(2)具有良好的团队管理、合作以及沟通能力;具备较强的市场分析、判断及组织拓展能力。

2.直播销售员资质要求。

(1)电子商务、市场营销等相关专业本科以上学历,具有1年以上直播销售经验。

(2)普通话标准,性格开朗,举止大方;有激情、有亲和力,不怯场,表达能力佳,喜欢与人互动交流,善于调动气氛。

(3)工作态度积极主动,能独立撰写直播方案。

3.平台管理员资质要求。

(1)有互联网/传媒行业内容或直播产品2年以上的运营经验,了解直播的各种运营策略和手段。

(2)熟悉时下流行的带货直播平台的运行模式。

(3)熟悉基本直播技能,能进行直播培训。

第 8 条 工作职责
1. 直播主管工作职责。
(1)配合直播活动,完成用户触达、主播挖掘招募及培训。
(2)整理用户意见反馈和建议,协助推进产品优化,达成用户黏性和留存指标。
(3)协助人力资源部完成直播销售员与平台管理员的绩效考核工作。
2. 直播销售员工作职责。
(1)产品卖点提炼,打造直播栏目。
(2)负责直播间活动策划与执行,介绍并展示产品,与粉丝进行互动,增强品牌影响力。
(3)分析优质主播内容,并改善直播内容架构,提高直播的执行质量。
(4)通过直播间向粉丝展示介绍产品,耐心解答粉丝疑问,促进成交。
(5)用轻松的直播方式和用户紧密互动,提高粉丝活跃度,引导粉丝关注直播间,提升直播在线人数。
3. 平台管理员工作职责。
(1)负责直播的策划与执行。
(2)负责直播的把控,包括直播节奏的掌握、直播风格的定位、脚本的设定和撰写。
(3)监控所有直播实时数据,包括销售额、转化率、直播热度等。
(4)管理和统筹所负责直播销售员的直播,保证直播时长与效果,达成销售目标。
(5)协调全场所有人员的工作配合,结束后整理数据并进行复盘。

第 9 条 工作考核
1. 绩效考核。
直播人员从以下 3 个方面进行绩效考核。
(1)任务绩效:是对在本职工作中关键任务完成的体现,每个岗位都有对应岗位职责的任务绩效指标。如销售指标完成率、销售转化率、转粉率、互动率等。
(2)团队协作:是对相关部门(或相关人员)团队合作精神的体现。
(3)管理绩效:是直播人员管理职能的体现。
2. 态度考核。
被考核直播人员对待工作的态度。态度考核包括的内容有积极性、协作性、责任心、纪律性。
3. 能力考核。
被考核直播人员完成各项专业性工作所具备的特殊能力和岗位所需要的素质能力。能力考核分为沟通能力、执行能力、谈判能力、领导能力(直播管理人员)、分析和判断能力。

第 10 条 考核程序
1. 制订月度工作计划。
(1)被考核直播人员于每周对照本岗位职位说明书填写"主要工作表"中的定性指标和定量指标部分。
(2)直接上级就主要工作任务、考核标准、指标权重等项内容,与被考核直播人员进行面谈,共同讨论填写"主要工作表"。一经确定后,双方各持一份,作为月度的工作指导和考核依据。

(3)工作计划执行过程中,若出现重大计划调整,需重新填写与其相应的"主要工作表",直接上级必须及时掌握。

2.评价。

(1)直接上级就工作绩效与被考核直播人员进行面谈,共同沟通工作计划完成情况,同时确定下个月度的工作计划。

(2)直接上级对被考核直播人员的工作业绩、工作能力、工作态度单独提出评价意见,在"绩效考核评分表"中对应各项考核指标进行评分。

(3)直接上级对被考核直播人员考核得分进行汇总,拟定被考核直播人员综合评定等级,报主管领导审批。

(4)主管领导结合所辖部门人员情况综合考虑等级分布,确定被考核人的考核等级,由人力资源部负责收集统计。

3.审核。

(1)每月由人力资源部就绩效考核工作情况向人力资源总监作汇报分析,人力资源总监对月度绩效考核工作情况提出建议。

(2)人力资源总监对绩效考核过程中出现的一些特殊问题作出处理决定。

第11条　考核结果反馈、申诉和应用

1.考核结果反馈。

考核结束后,人力资源部应在5个工作日内向直播人员反馈考核结果。

2.考核结果申诉。

若直播人员不同意考核结果,应先行与人力资源进行沟通,也可按下列程序进行逐级申诉。

(1)直播人员若对考核结果存有异议,应首先通过沟通方式解决。若通过沟通不能及时解决,直播人员有权向直接上级主管申诉。

(2)若直播人员对直接上级主管的处理结果仍有异议,可以向人力资源部提出申诉。

(3)人力资源部接到被考核者的申诉后,通过调查和协调,7日内告知申诉处理结果。

(4)员工如对处理结果仍不满意,可向总经理申诉。

3.考核结果应用。

若直播人员对于考核结果无异议或考核结果异议排除后,人力资源部方可运用考核结果。考核结果主要用于直播人员的绩效奖金发放、薪资调整、职位晋升、培训等方面。

第4章　直播团队运营管理

第12条　直播间管理

1.直播团队需按照公司安排使用直播间,如需提前更换房间,需向管理员申请,通过后方可使用。

2.主播需要严格按照规定时间使用直播间,任何人不得随意进入正在直播的直播间。如有违反纪律和规定者,将按照公司相关制度给予处罚。

3.直播间使用时间早8点~晚12点,请务必严格遵守直播间使用时间段,以确保有序、高效。

4.未经批准,任何部门、任何个人不得擅自调整使用时间。如有特殊情况,必须有相关人员的批准方可使用。

5.直播间为重点防火区域,严禁在直播间吸烟。

第13条　直播内容管理

1.直播方案由平台管理员编写,确定直播主题、促销创意,并给出当场直播的执行细化方案。

2.线上直播间由平台管理员负责建立,建立直播间所需要的封面图、导航条等素材由美工在开播前一天提交给平台管理员。

3.平台管理员负责当场直播过程数据统计和数据截图。

4.产品的最终售价和优惠政策由平台管理员提前一天确定。

第14条　直播复盘

1.人货场复盘。

(1)人员复盘:对直播销售员的话术、表现作出总结并提出建议;总结平台管理员在直播中的实时目标注意和突发事件预警的能力。

(2)产品复盘:分析直播间的产品选择是否符合逻辑、合理,付费流程安排是否妥当。

(3)场景复盘:对场地布置、直播间背景、直播间灯光和直播设备、产品展示等做一个总结,分析是否有需要改进的地方。

2.数据复盘。

(1)分析直播间人气值和平均在线人数。

(2)分析转化率,包括广告转化率,产品转化率等。

第5章　附则

第15条　编制单位

本规范由直播部负责编制、解释与修订。

第16条　生效时间

本规范自××××年××月××日起生效。

编制日期		审核日期		批准日期	
修改标记		修改处数		修改日期	

第8章
培训与指导

8.1 培训

8.1.1 掌握培训考评体系的建立方法

参训人员接受培训后,培训师需要对其进行考核与评估,以确定参训人员知识掌握程度。培训师可参照如表 8-1 所示方法建立培训考评体系。

表 8-1 培训考评体系建立的方法

方法	具体内容
柯氏四级评估模型	根据柯氏四级评估模型,可将培训效果划分四个级别。分别为反应评估、学习评估、行为评估和结果评估。这四级之间不是一种并列的关系,而是层层递进的关系 ◆ 反应评估层面要解决的问题是,受训学员对培训计划有何反应,他们准备如何使用培训资料 ◆ 学习评估层面要解决的问题是,受训学员的哪些知识、技能、态度发生了转变,转变的程度如何 ◆ 行为评估层面要解决的问题是,受训学员是否将所学的内容应用到了实际工作中。 ◆ 结果评估层面要解决的问题是,受训学员在工作中的应用是否产生了可以衡量的成绩
CIRO 培训评估模型	CIRO 由该模型中四个评估阶段的首字母组成,分别为背景评估(context evaluation)、输入评估(input evaluation)、反应评估(reaction evaluation)、输出评估(output evaluation) ◆ 背景评估是确认培训的必要性,收集和分析有关互联网营销人员开发的信息,分析和确定培训需求与培训目标 ◆ 输入评估是确定培训的可能性,对可利用的培训资源进行利弊分析,确定互联网营销人员培训的实施战略与方法 ◆ 反应评估是提高培训的有效性,收集和分析受训学员的反馈信息,改进企业培训的运作流程 ◆ 输出评估是检验、评价与确定培训的结果,即对照培训目录来检验、评定培训结果是否真正有效或有用
CIPP 培训评估模型	◆ CIPP 培训评估模型中的 CIPP 由四项评估活动的首字母组成:背景评估(context evaluation)、输入评估(input evaluation)、过程评估(process evaluation)和成果评估(product evaluation)。 ◆ 该模型不仅弥补了 CIRO 培训评估模型的不足,同时又完善了柯氏四级评估模型,更将评估活动切入到了整个培训过程的核心环节——执行培训环节

续表

方法	具体内容
投资回报率评估模型	◆ 该模型在柯氏四级评估模型的基础上加入了第五个层次：投资回报率，形成了一个五级投资回报率模型。第五层次评估的重点是将培训所带来的收益与其成本进行对比，来测算有关投资回报率的指标 ◆ 培训的投资回报率是最常见的定量分析法。这里涉及两个公式 ◇ 公式一：培训收益 $=(E_2-E_1) \cdot N \cdot T - C$ ◇ 其中，$E_2(E_1)$ 表示培训后（前）每个学员的年效益；N 表示参加培训的总人数；T 表示培训效益可持续的年限；C 表示培训成本。 ◇ 公式二：投资回报率 $(ROI) = \left(\dfrac{培训收益}{培训成本}\right) \times 100\%$ ◇ 若计算出来的 ROI 小于 1，表明培训收益小于培训成本，说明此次培训没有收到预期的效果，或企业存在的问题不是培训所能解决的
考夫曼五层次评估模型	◆ 考夫曼扩展了柯氏四级评估模型，他认为培训能否成功，培训前的各种资源的获得是至关重要的，因而他在模型中加上了对资源获得可能性的评估，并将其放在模型的第一个层次上。 ◆ 其五层次分别为可能性和反应评估、掌握评估、应用评估、企业效益评估、社会效益产出

8.1.2 选择培训教学与组织技巧

一场成功的培训不只需要培训师良好的知识储备，还需要一定的技巧，培训师在授课过程中可参考如下所示教学与组织技巧。

（1）身心准备

培训师的课前准备主要包含心理方面和身体方面。

心理方面要做好心理建设，克服心理障碍。身体准备上，一方面无论是外在形象还是举手投足，都要做到庄重、得体、职业；另一方面要善于学习和运用专业的发声技巧和肢体表达。另外培训时间很长，培训师要做好体能管理，加强锻炼。

（2）精彩开场

好的开始是成功的一半，要真正做到成功的开场，则需要精心设计。培训师在开场设计上换位思考，站在学员角度想问题，可顺利开场、满足学员需求。

（3）善用互动方法

氛围的调动，本质上是形成一种积极互动的氛围。培训师在观察到现场的氛围比较沉闷后，要积极寻求解决的方法，主动出击，开动脑筋，调节氛围。

培训师可利用态度积极的学员带动氛围，也可运用团队竞赛、问题研讨、案例分析、活动体验等方法与学员互动，调节课堂气氛。

（4）增加课堂趣味性

学员学习时，注意力集中时间有限，培训师需要运用一定方法吸引学员注意力。培训师可通过讲故事、讨论热点新闻事件案例、展示具有吸引力的图片等抓住学员眼球，提升授课效果。

（5）学员状态控制

授课现场学员可能出现多种状态，培训师必须具备一定的处理能力，避免授课现场状况混乱。

针对睡觉、玩手机、走神的学员，可以经常提问拉回学员思绪，提高音量给学员缓冲时间，也可以在正式授课之前要求学员上交手机，可直接避免玩手机的情况。

8.1.3 制订培训计划

在每次培训活动实施前，培训师都需要编制培训计划，安排此次培训时间、培训场所、培训设备、培训材料等内容。下面以直播运营培训为例，撰写一则培训计划。

计划名称	直播运营培训计划	编　号	
		受控状态	
一、培训目标 为提升公司互联网营销人员直播运营过程中的所需知识、技能、经验，满足互联网营销人员自身发展需求，达成职业生涯规划目标，提高工作能力、改善技能水平，特制订此计划。 二、培训时间与地点 1.培训时间。 (1)本次培训日期为××××年××月××日到××××年××月××日，共×天。 (2)培训时间为上午8:00～12:00，下午2:00～6:00。 2.培训地点。 培训地点安排在公司＿＿＿会议室与＿＿＿直播间。 三、培训人员 1.培训讲师。 培训讲师拟聘请一名互联网营销行业知名讲师，并安排一位部门经理补充企业内部要求。 2.受训人员。 本次培训对象主要针对直播部工作人员。 四、培训内容 本次授课内容主要针对直播运营的三个过程，直播前准备、直播中营销和直播后复盘。			

1. 直播前准备。

(1) 直播脚本创作。如何规划直播主题、直播目标、时间节奏、人员分工、货品板块、主播话术、互动策划、演绎道具等内容。

(2) 确定直播产品。如何设计本场直播的剧透款、宠粉款、爆款、利润款和特供款。

(3) 直播产品预热。如何实施短视频预热、个人信息预热和站外预热。

2. 直播中营销。

(1) 顺序型流程设计。每款产品依次介绍,只介绍一次。

(2) 循环型流程设计。产品款数少,单个产品循环介绍。

(3) 单品直播设计。何时进行卖点引出、具体介绍、用户评价与促单销售。

3. 直播后复盘。

(1) 人货场的复盘。规划人员复盘什么、货品复盘什么、场景复盘什么。

(2) 数据复盘。人气峰值和在线人数、用户平均观看时长、带货转化率、网站独立访客(unique visitor,UV)价值等数据分析。

五、培训形式

本次培训预计通过两种形式展开,课堂讲授与现场实操。

1. 课堂讲授。

授课讲师将讲授内容制作成幻灯片,在授课中内容展示给学员,并讲授给学员,指导其学习。

2. 现场实操。

授课讲师在企业直播间内实际操作直播软件,实时展示直播程序,并指导学员现场操作学习。

六、培训流程

1. 第一阶段:培训前宣传与工具准备。

2. 第二阶段:培训授课与实操。

3. 第三阶段:培训效果评估。

七、费用预算

本次培训涉及的费用有讲师授课费、工具费、餐费、礼品费等。

执行部门		监督部门		编修部门	
执行责任人		监督责任人		编修责任人	

8.1.4 编写培训讲义

培训师在实施培训活动时,一般需要参考培训讲义进行讲授。下面以"直播运营管理"为例,进行培训讲义写作。

第 1 章 直播运营管理	
教学内容	1. 直播销售流程 2. 直播宣传引流

教学要求	1.了解直播预演如何进行 2.掌握直播销售如何展开 3.了解宣传引流平台
教学重点	1.直播材料准备 2.直播销售流程 3.宣传引流
教学难点	1.直播销售流程 2.宣传引流
教学方法	讲授法、案例法、实操法
课时数	4课时

教学内容

第一节 直播销售流程

一、直播销售平台

1.电商类直播平台

电商类直播平台主要是指淘宝直播、京东直播等,是以店铺或直播团队为基础,为用户提供产品营销渠道的平台。

2.短视频类直播平台

短视频类直播平台主要是指抖音、快手等,用户或商家不仅可以发布自己创作的短视频内容,还能通过直播展示才艺、销售产品。

3.综合类直播平台

综合类直播平台有斗鱼、虎牙、一直播、映客等,包含户外、生活、娱乐、教育等多种直播类目的平台,用户在这类平台上可以观看的内容较多。

二、直播材料准备

1.直播脚本撰写

直播脚本内容要包括直播主题、直播目标、人员安排(主播、副播、平台管理员)、直播时间(整场时间安排和单品时间安排)和直播流程细节。

2.直播间搭建

直播间分为虚拟直播间和实景直播间。

(1)虚拟直播间在直播中直接采用绿幕加APP软件,后台场景可随意切换。

(2)实景直播间需要根据本场直播内容搭建直播场景,场景整体风格要与播出内容风格统一。除此之外,还需要配备产品陈列架、补光灯、摄像机、提词器、采集卡、声卡、话筒等。

三、直播销售流程

1.直播前

(1)确定主题。确定直播主题后,设置主播布景与配置。

(2)选品定价。根据直播主题与市场趋势定价。

(3)确定分工。确定人员分配,将道具准备、产品准备、脚本设计、场景搭建等内容分配具体人员。

(4)直播彩排。前 3 步流程完成后,实施彩排,磨合人员默契度。
(5)直播预告。拍摄好直播产品宣传视频后,上传宣传平台预热推广。
2.直播中
(1)直播开场。提前或准时开播,不迟到,开场先分享介绍,直播间预热。
(2)产品讲解。应用话术介绍产品卖点,截取产品介绍视频,投放宣传平台引流。
(3)秒杀互动。设置抽奖或秒杀活动,留存用户。
(4)结尾回顾。重点产品或爆品回顾,下场产品介绍,征集粉丝下场产品需求。
3.直播后
(1)直播复盘。产品、流量、销售额、爆品、滞销品复盘,直播问题复盘。
(2)后续跟踪。中奖用户产品兑换,发货、售后、维护粉丝。
(3)下场规划。根据复盘结果与选品结果做下场规划。

第二节　直播宣传引流

略。

| 归纳与提高 | 回顾本次授课讲授的具体内容,学员发表感悟。 |

8.2 指导

8.2.1 制定培训指导规范

在培训指导过程中,需要对培训师、学员、授课内容作出一定约束,来保证此次授课的规范性与有效性。培训师可参考以下培训指导规范。

文书名称	培训指导规范	受控状态	
		编　号	
执行部门		监督部门		编修部门	

第 1 章　总则
第 1 条　目的
为了规范公司培训课程指导要求,提高员工培训质量,依据公司培训管理制度及相关规定,结合培训课程工作本身特点,特制定本规范。
第 2 条　适用范围
本规范适用于公司内部所有培训课程的指导管理工作。
第 2 章　培训指导讲师要求
第 3 条　培训讲师要求
直播培训师应具备包括但不限于以下能力。

(1)掌握直播培训方法,能高质量独立完成培训课程的授课。
(2)具备直播行业培训经验,具有多年直播行业任职经验。
(3)熟悉直播流程、掌握直播设备的使用方法。
(4)能够独立完成课程开发工作,完成培训项目设计、直播脚本写作、培训课件制作等。
(5)具备强大的心理承受能力、语言表达能力、课堂掌控能力。
(6)了解直播培训过程中各类人员的阶段需求,根据需求与不足制定出完善、可执行的解决方案。

第4条　辅助讲师要求

辅助讲师应具备包括但不限于以下能力。
(1)从事培训相关工作满三年或具有相关职业技能等级证书。
(2)具备互联网、计算机、电子商务、通信、多媒体技术等相关专业知识。
(3)具备直播培训的组织管理能力。
(4)能负责设计策划培训直播场景以及培训内容播出程序安排。
(5)熟悉常用直播设备和直播平台的使用和管理。
(6)负责实时关注直播培训学习效果,及时采集反馈意见。
(7)负责应急预案的编制及管理。

第3章　培训指导内容要求

第5条　培训内容要求

培训内容要根据培训对象不同,制定不同标准。通用技能要包括行业认知、直播流程、基础话术、职业禁忌、粉丝维护等;专业技能要根据不同岗位要求,设置不同培训内容。

第6条　职业素质培训内容要求

互联网营销人员在进行直播服务过程中,应具备政治素质,且具备网络、创新技能等知识,需要对参训人员做以下内容培训。
(1)学习社会主义核心价值观,理解直播行业的社会功能及价值。
(2)熟知直播平台规范、对直播产品质量评估、掌握及应急预案相关知识与能力。
(3)具备直播产品及活动策划组织、沟通协调能力以及责任使命感。
(4)相关直播间流程管理、各类直播岗位专项工作的管理制度。
(5)创新服务管理模式,弘扬网络直播主旋律,传播网络直播正能量,推进网络诚信,提升整体服务质量。

第7条　通用技能培训内容要求

通用技能的培训内容,应包括但不限于以下4条。
1. 直播行业、职业相关法律法规、政策和职业道德的培训。
2. 个人能力的开发与素质提升的培训。
3. 直播整体流程培训。
4. 管理知识的能力培训。

第8条　专业技能培训内容要求

互联网营销人员的岗位,主要包括直播销售人员、直播培训人员、直播运营人员、直播选品人员和直播客服等。

第9条　直播销售人员

直播销售人员培训的主要内容为产品介绍及展示、试用测试、在线互动、优惠活动介绍等。

第10条　直播培训人员

直播培训人员培训的主要内容为法律法规、平台规则、各直播行业与各岗位人才培训等。

第11条　直播运营人员

直播运营人员培训的主要内容有两类，主要为以下内容。

1.直播前后的优惠政策提炼、优惠活动策划、产品卖点直播话术梳理、直播关键数据总结等。

2.直播间的视觉、道具、设备的准备及调试，以及在直播过程中的中控台操作、红包发放、产品上架、抽奖设置等。

第12条　直播选品人员

直播选品人员培训的主要内容为直播产品的招商选品、直播间品类的更新管理、产品质量监督管理等。

第13条　直播客服

直播客服培训的主要内容为直播过程互动答疑和配合主播进行售后发货等。

第4章　培训评价

第14条　评价要求

公司要建立健全培训监督管理机制，完善直播培训体系，定期开展直播培训服务质量检查，发现问题及时改进。

第15条　培训评价对象

培训评价对象包括培训讲师、受训学员、培训内容、实施流程等。

第16条　反馈意见收集

互联网营销人员应设置培训考核，确定受训人员掌握情况，并收集培训人员对此次培训的评价。

互联网营销人员根据反馈的意见进行培训总结，作为培训改进的依据，并对直播培训对象提出的问题进行回应。

第17条　改进措施

根据直播培训效果评估的结果，及时发现直播培训的问题与不足，制定整改措施及时改进，不断提高直播培训质量和效果。

第5章　附则

第18条　编制单位

本规范由培训部负责编制、解释与修订。

第19条　生效时间

本规范自××××年××月××日起生效。

编制日期		审核日期		批准日期	
修改标记		修改处数		修改日期	

8.2.2 选择专业技能指导方法

公司应根据培训内容与目的、培训对象、培训时间与地点等的不同,选择不同的培训方法。互联网营销人员也要了解不同培训方法的优缺点和应用中应该注意的问题。

(1)根据培训目标优选指导方法

根据培训目标选择方法,其具体内容如表 8-2 所示。

表 8-2 根据培训目标选择指导方法

培训目标	培训方法选择
事实和概念培训	讲义、项目指导、讲座、研讨、参观
解决问题的能力培训	案例、文件筐测验、课题研究、商务游戏
创造能力培训	头脑风暴、形象训练
综合能力培训	自学、案例研究、事件处理、模拟、角色扮演
操作性技能培训	行为示范、在职培训、师徒制、实习、岗位轮换、特别指导、个别指导
态度、价值观、个性培训	行为示范、角色扮演、行为学习、拓展训练

(2)根据职位层次及培训内容选择指导方法

以下是根据职位层次以及培训内容进行指导方法的选择,其具体内容如表 8-3 所示。

表 8-3 根据职位层次及培训内容选择指导方法

划分标准		具体说明	适用培训方法
职位层次	基层员工	负责一线的具体工作,其工作性质要求培训内容应明确、具体且实用性强	角色扮演法、师徒制法、行为模仿法等
	基层管理者	负责一线的管理工作,其工作性质要求培训内容应侧重于如何与基层员工和高层管理者进行有效沟通	讲授法、案例分析法等
	高层管理者	负责组织的计划、控制、决策和领导工作,其工作性质要求培训内容应侧重于接受新观念和新理念、制定战略和应对环境变化等	讲授法、研讨法和户外训练法等

续表

划分标准		具体说明	适用培训方法
培训内容	知识培训	针对某一系统性的理论知识或专题进行的培训	讲授法、小组讨论法、辩论、自由发言、视听法、观摩等
	技能培训	使参训人员掌握技能为目的的培训	身体语言、角色扮演法
	态度培训	针对行为调整和心理训练进行的培训	问卷调查法、户外训练法、角色扮演法、研讨法、行为模仿法等

8.2.3 掌握培训效果评估方法

培训活动开展时与培训活动完成后，互联网营销人员都需要对参训人员进行评估。目前常用的培训方法有观察评估法、目标评估法、问卷调查法、笔试测试法、操作测验法和关键人物评估法，具体内容如下所示。

（1）观察评估法

观察评估法指评估者在培训进行过程中和培训结束后，观察参训人员在培训过程中的反应情况，以及在培训结束后在工作岗位上的表现。

他们利用观察记录或录像的方式，将相关信息记录到培训观察表中，通过比较参训人员在培训前后的工作业绩，从而衡量培训达到的效果。

运用观察评估法对培训进行评估时，关键在于将观察的现象、内容进行完整、准确的记录。一般来讲，最好的记录方法是边观察边记录，以便能够及时地把观察到的内容详尽地记录下来。

在进行观察记录时，应该注意参训人员所处情景、参训人员身份、参训人员行为动作、参训人员活动频率这4个方面的内容。

（2）目标评估法

培训过程中应制订出具有确切性、可检验和可衡量的培训目标。目标评估法要求公司在制订的培训计划中，将参训人员完成培训计划后应学到的知识、技能，应改进的工作态度及行为，应达到的工作绩效标准等目标列入其中。

培训课程结束后，公司应将参训人员的测试成绩和实际工作表现与既定培训目标相比较，得出培训效果。作为衡量培训效果的根本依据。

通常有两种方法确定培训目标：一是任务分析法；二是绩效分析法。

（3）问卷调查法

问卷调查法是比较常用的培训评估方法，一般是指借助预先设计好的调查问卷，在培训项目结束时向培训师或参训人员了解培训效果相关信息的一种方法。此种培训评估方法的关键在于针对培训目的和培训对象设计一份有效的调查问卷。

（4）笔试测试法

笔试测试法是对参训人员的知识掌握状况（如企业规章制度、产品知识、行业知识、专业知识等）进行评估的一种方法，一般在培训结束后实施，还可将笔试成绩作为其通过培训考试的依据。

（5）操作测验法

操作测验法是对参训人员掌握技能、技术的熟练程度进行评估的一种方法，一般应用于整个培训过程，通过对参训人员实际操作过程的现场测验来评估培训效果。

此种评估方法通常适用于参训人员在岗培训，旨在考察参训人员是否掌握了实际工作中所需要的操作技能、技术。

此种评估方法的关键在于要对参训人员在操作测验中要表现的动作进行事先规定，包括动作标准、时间间隔、生产定额等。

参训人员在接受培训前应进行一次操作性测验，并做好测验记录，同时设定参训人员在操作测验中应达到的标准。接受培训后，参训人员需要再次进行操作性测验，如果达到预先设定的操作标准，即可视为该培训具有一定的有效性。

（6）关键人物评估法

在行为评估中采用的"关键人物评估法"，其所谓的关键人物是指与参训人员在工作上接触较为密切的人，可以是他的上级、同事，也可以是他的下级或者客户等。他们对参训人员比较了解，可以提供他在培训前后的变化信息。

目前一般应用360度评估法对参训人员实施评价。360度评估法即由上级、下级、用户、同事甚至培训管理者等从不同角度来评估参训人员的变化。这种方法对了解工作态度或受训者培训后行为的改变比较有效。

第9章
营销风险评估与应对

9.1 营销风险评估

9.1.1 了解常见的营销风险

营销风险是指公司在营销产品的过程中,由于外部环境的复杂性和不确定性以及内部战略决策的不确定性,导致营销活动遇到阻碍,面临各种风险。常见的营销风险有如表 9-1 所示的 7 种。

表 9-1 营销风险细分表

风险细分	具体描述
产品质量风险	◆ 产品质量较差,会失去市场,造成不良影响,甚至会导致供应商停产 ◆ 产品质量低劣,侵害用户的利益,会导致公司面临巨额赔偿、形象受损,甚至破产
产品价格风险	◆ 付款审核不严格、付款方式不恰当、付款金额控制不严,可能导致公司损失资金或信用受损 ◆ 产品价格设置得过高,会影响产品销量;产品价格设置得过低,供应商可能因此失去利润而难以扩大再生产,形成行业性亏损
产品数量风险	◆ 产品供不应求,缺货严重,会加剧市场竞争程度和假冒伪劣风险。产品供大于求会造成市场浪费和市场损失,使得产品积压滞销
产品信息风险	◆ 营销过程中,隐瞒产品信息或者夸大产品功能,弄虚作假,会面临着虚假宣传等法律风险
售后服务风险	◆ 产品营销售后服务得不规范、不及时,会导致用户的消费体验感觉比较差,退换货率高,容易造成产品积压
供应商风险	◆ 不合格的供应商会导致营销过程面临质量和供货的风险,延长发货时间,造成退换货率高,影响公司形象和口碑 ◆ 供应商自身出现经营或生产风险,也影响着公司的形象和口碑
社会舆论风险	◆ 当互联网营销人员出现品行不端或者其他负面因素,会使公司陷入到社会舆论压力中,影响公司的正常运作和口碑

9.1.2 掌握营销风险识别方法

营销风险的识别方法有很多,公司可根据具体情况选择合适的方法进行风险识别。常用的营销风险识别方法有以下5种,具体如表9-2所示。

表9-2 营销风险识别方法表

方法名称	具体描述	特点
头脑风暴法	集中组织有关专家召开风险识别会议,会议主持人向所有参与者阐明问题,说明会议规则,专家们将想到的风险一一提出	头脑风暴法实施的成本较高,还需要参与的专家有较高的职业素养
德尔菲法	风险小组选定相关专家,收集专家意见,综合整理后再反馈给各位专家,再次征询意见。如此反复数轮直到专家意见趋于一致。德尔菲法的要点包括以下三点 ◆ 提供给专家的信息要尽可能充分 ◆ 挑选的专家应该具有权威性、代表性 ◆ 保持匿名,确保专家独立地给出意见	德尔菲法能集思广益,吸收各类专家所长,但专家的意见有时会影响其他人的意见,并且实施过程比较复杂,耗时长
鱼骨图法	找出影响营销的因素,按照关联性整理成层次分明、条理清楚,并标出重要因素的图形 鱼骨图法包括的5个因素是人、机、物、法、环,依据5个元素,依次找出每个元素中可能出现的风险	鱼骨图法简洁实用,能直观地列出各项因素产生问题的原因
流程图法	是指在生产工艺中,从原料投入到成品产出,通过一定的设备按顺序连续地进行加工的过程 该种方法强调根据不同的流程,对每一阶段和环节,逐个进行调查分析,找出风险存在的原因	流程图法使用图形来反映问题,清晰、直观、简洁,容易掌握核心操作步骤
风险专家调查列举法	专家通过调查研究,对公司可能存在的风险一一列出,并根据不同的标准进行分类	专家所涉及的领域比较广泛,列举的风险有一定的代表性

9.1.3 掌握营销风险分析方法

营销风险识别出来后,要对营销风险进行分析,分析风险大小和危害程度。常用的营销风险分析方法有如表9-3所示的4种。

表 9-3 营销风险分析方法表

方法名称	具体描述	适用范围
专家咨询法	根据专家的知识、经验和直觉,发现营销的潜在风险,对风险状况、风险变化过程进行综合分析与研究,找出风险的规律,从而对未来的发展作出风险分析	专家咨询法中,不同的专家可能会给出不同的咨询结果,要辨别咨询的结果是否符合实际情况
情景分析法	情景分析法是指假定某种现象或某种趋势将持续到未来的前提下,对预测对象可能出现的情况或引起的后果作出预测的方法。情景分析可用来分析营销风险的风险程度,分析某种情境下营销风险的危害后果及危害影响	情景分析法适用于对未来的营销环境以及可持续性发展进行研究和预测分析
风险综合分析法	通过调查专家的意见,获得风险因素的权重和发生概率,进而获得营销的整体风险程度。主要包括以下 5 点： ◆ 建立风险调查表 ◆ 判断每个风险权重 ◆ 确定风险发生概率 ◆ 计算风险因素的等级 ◆ 将风险调查表中全部风险因素的等级相加,得出营销的综合风险等级	风险综合分析法适用范围比较广,并且操作简单方便
风险概率分析法	客观概率分析。应用客观概率对营销风险进行分析,利用同一事件,或是类似事件的数据资料,计算出客观概率。 主观概率分析。基于经验、知识或类似事件来推断风险的概率	风险概率分析法应用概率进行分析,能系统性地对概率进行分析,但是带有部分模糊性

9.1.4 掌握营销风险评价方法

对营销风险进行识别、分析后,要对营销风险进行评价,评价风险的危害程度。常用的营销风险评价方法有如表 9-4 所示的 4 种。

表 9-4 营销风险评价方法表

方法名称	具体描述
财产损失法	◆ 财产损失法是一种定量评价方法,比较适合于营销风险评价 ◆ 适用情形:大数据智能系统的应用,使财产损失法成为风险评价的一种重要的方法,但由于对成本、效率、效益和效能认识不足,对财产方面的风险识别还不够,所以这种方法的使用还不充分

续表

方法名称	具体描述
风险矩阵法	◆ 风险矩阵法是一种将定性或半定量的后果分级与产生一定水平的风险或风险等级的可能性相结合的方式 ◆ 把每个风险都进行发生可能性和影响度分析,发生可能性分为A、B、C、D、E 共 5 个等级,影响度分为 1、2、3、4、5 共 5 个等级 ◆ 根据分级,把风险点逐一放入横坐标为影响度、纵坐标为可能性的坐标系里面,然后依次标出风险的级别 ◆ 适用情形:风险矩阵法适用于各种风险评价,操作简便快捷,应用较为广泛
风险指数法	◆ 风险指数法是指通过对一系列指标的变动值进行综合处理,最大限度综合各项指标的权重和贡献大小,从而合理确定风险程度。风险指数法的具体实施包括: ◇ 将各指标按敏感程度分为先行、同步、滞后三类,优先使用先行和同步指标,观察和参考滞后指标 ◇ 科学合理地确定各指标的权重大小 ◇ 确定合理的风险限制或风险指数标准值 ◆ 适用情形:风险指数法适用于对多项风险进行评价比较,确定各级风险管理的优先顺序和策略
SEP(修正)法	◆ SEP 法中"S"表示风险可能造成后果的严重程度,"P"表示风险发生的可能性,"E"表示风险发生的频繁程度或频次、频率的程度。SEP 法的具体实施包括: ◇ 根据现有的基础数据和经验判断,对照"S""E""P"的基准值,分别给出风险项目的"S""E""P"分值 ◇ 用公式 $R=P \times S \times E$,计算出风险值 R ◇ 对照风险等级标准,确定风险项目的风险等级 ◆ 适用情形:SEP 法适用于工作业务和生产区域的风险评估

9.2 营销风险应对

9.2.1 选择营销风险应对措施

营销风险的应对措施有很多,公司可根据具体情况选择合适的措施进行风险应对。常用的营销风险应对措施有如表 9-5 所示的 4 种。

表 9-5 营销风险应对策略表

策略名称	具体内容
风险规避策略	◆ 风险规避策略是指对超出风险承受度的风险,通过放弃或停止与该风险相关的业务活动以避免和减轻风险产生的损失的方法 ◆ 实施:互联网营销人员需根据过去营销过程中出现的营销风险,制定相应的营销风险规避措施,制定完善的营销战略策略,从产品质量、价格、售后服务、数量等方面规避营销风险
风险降低策略	◆ 风险降低策略是指采用适当的控制措施降低风险或减轻风险产生的损失,将风险控制在风险承受度之内的方法 ◆ 实施:通过控制产品数量或约束互联网营销人员行为规范等,控制营销风险因素发生的频率;通过加大市场调研、合理制定产品价格、提高售后服务水平、控制产品质量等措施来降低损失的程度
风险分担策略	◆ 风险分担策略是指借助他人力量,采取适当的控制措施,将风险控制在风险承受度之内的方法 ◆ 实施:互联网营销人员要对营销风险进行识别、分析、评价,确定营销风险的类别和危害,确定合作的主体,以便营销风险发生时共同承担。风险发生时,合作双方按照合同约定共同承担风险,从而实现营销风险分担
风险承受策略	◆ 风险承受策略是指对风险承受度之内的风险,在权衡成本效益之后,不准备采取控制措施降低风险或减轻风险产生的损失的方法 ◆ 实施:互联网营销人员要了解公司的营销风险,参考专家的意见和经验判断,参照行业内的实践数值,明确和梳理公司的风险偏好和风险承受度,在营销风险发生时,承担可以承受的风险

9.2.2 制订并执行营销风险应对计划

对营销风险识别、分析、评价后,制定相应的风险应对措施,根据风险应对措施制订并执行相应的应对计划,来规避或者降低营销风险带来的危害。

计划名称	营销风险应对计划	编　号	
		受控状态	

一、任务目标
　　为降低营销风险发生的可能性或减轻营销风险带来的不良影响,保证互联网营销的长远、健康发展,特制订营销风险应对计划。
二、人员分工
　　1.产品风险的负责人为×××。
　　2.社会舆论风险的负责人为×××。

3.售后服务风险的负责人为×××。

三、执行日期

执行日期为××××年××月××日至××××年××月××日。

四、应对内容

将常见的营销风险进行分类，大致可分为产品风险、社会舆论风险、售后服务风险三大类。

五、应对措施

(一)产品风险

完善产品风险管理制度，定期召开风险会议专题讨论产品风险管理工作安排。积极与用户沟通产品存在的问题，协调处理产品退换货。积极与供应商联络，处理存在问题的产品。严格把控产品的定价，加强对产品价格标签的监督。

(二)社会舆论风险

加强社会舆论风险意识，开展社会舆论风险防范的培训活动，建立社会舆论风险预防机制。统一员工的社会舆情风险管理思想，提高社会舆情风险认识。完善社会舆情风险管理应对机制，提升风险应变能力。

(三)售后服务风险

加强互联网营销人员的风险意识培训，提高全员的风险意识。制定和完善售后服务危机处理机制，不断更新互联网营销人员的工作技能，处理各类用户问题。

六、应对执行步骤

营销风险应对的执行主要分为以下四步。

(一)正面应对风险

1.营销风险发生后，一方面互联网营销人员要诚实地面对用户，最大限度地减少对用户的损害；另一方面互联网营销人员要快速采取措施制止风险的扩大和扩散。

2.营销风险发生后，互联网营销人员不得推托、回避，要积极组织应对营销风险，防止营销风险范围扩大，降低营销风险的损害。

(二)依法处理风险

在日常业务往来中，互联网营销人员对一些具有潜在风险的业务，首先要依法签订好合同，签订合同是预防风险的第一道门槛。其次，因对方的原因而给公司造成风险后，应该当机立断，积极寻求法律途径处理。

(三)加强培训管理

1.加强对互联网营销人员的培训，避免互联网营销人员因主观因素造成营销风险。提高公司互联网营销人员的职业素养，减少营销风险的发生。

2.公司对互联网营销人员培训结果的考核，不仅要注重销售额及利润，还要考核互联网营销人员的责任心与风险防范意识。

(四)建立风险防范机制

1.建立风险防范与处理机制，防范和应对营销风险。在公司内部建立风险预防的规章制度，督促制度的贯彻执行。

2.在日常管理工作中进行风险处理演练，以提高风险处理的应对能力，强化员工风险防范意识。

七、补充说明

1.风险应对计划应该与公司的管理过程整合,并与适当的利益相关者讨论,需要多个层级联合应对的,还要制订联合应对计划。

2.风险应对计划应该落实到层级、落实到部门、落实到岗位、落实到人员、落实到问题,落实到时限。只有这样,才能确保有效地进行风险应对。

执行部门		监督部门		编修部门	
执行责任人		监督责任人		编修责任人	

9.2.3 制定风险管理奖惩制度

将风险管理与奖惩有机地结合在一起,可以提高风险预防与应对的管理水平,提高互联网营销人员的风险防范意识,确保营销活动正常进行。

文书名称		风险管理奖惩制度		受控状态	
				编 号	
执行部门		监督部门		编修部门	

第1章 总则

第1条 目的

为加强风险管理体系建设,提高风险管理水平,使风险管理工作规范化、制度化、标准化,结合公司的实际情况,特制定本制度。

第2条 适用范围

本制度适用于公司全体员工。

第3条 管理职责

1.互联网营销主管负责评估互联网营销人员的奖惩类别。

2.人事部负责按照奖惩结果实施相应的奖励和惩罚。

3.总经理负责审批员工的奖惩类别。

第4条 奖惩类别

奖惩分行政、经济两类。行政奖励包括表彰、嘉奖、记功、晋升、授予特殊贡献奖等;经济奖励主要是颁发奖金。行政处罚包括警告、批评、降级、辞退等;经济处罚主要是罚款。

第5条 奖惩原则

1.风险管理奖惩必须做到公平、公正、公开。

2.互联网营销人员要熟悉并把握营销风险管理奖惩制度。

3.进行奖励的互联网营销人员,严禁弄虚作假,一经发现,将对互联网营销人员进行严厉处罚。

4.每月月底公布当月营销风险管理奖惩情况。

第2章 奖励措施

第6条 表彰

1. 对公司营销风险管理提出合理化建议,经采纳实施卓有成效的。
2. 及时发现、报告重大营销风险的。

第7条 嘉奖并颁发奖金

有以下行为发生的,予以嘉奖并给予×××～×××数额不等的奖金。

1. 认真执行营销风险应对计划,在预防和应对营销风险管理工作中作出显著成绩的。
2. 及时识别营销风险,将营销风险控制在极小的范围内。

第8条 记功并颁发奖金

有以下行为发生的,记功并给予×××～×××数额不等的奖金。

1. 在预防和应对营销风险管理工作中,取得较大成绩的。
2. 识别重大营销风险,并能提出合理化建议,经过实施取得显著成效的。

第9条 记大功并颁发奖金

有以下行为发生的,记大功并给予×××～×××数额不等的奖金。

1. 通过自身的努力,避免公司重大财产损失、名誉受损以及口碑下滑的。
2. 维护公司重大利益,避免重大损失的。

第10条 授予特殊贡献奖

对能抓住营销风险给公司带来重大转机或机会的人员授予特殊贡献奖。

第11条 晋升

1. 员工的研究发明对公司确有贡献,能使成本显著降低、利润显著增加的。
2. 对公司有特殊贡献,且为公司员工表率的。
3. 一年内记大功×次的。
4. 有其他突出贡献,公司认为应给予提升的。

第3章 惩罚措施

第12条 警告或批评并罚款

有以下行为发生的,予以警告或批评,同时每次扣发××元的罚款。

1. 未及时发现、报告一般营销风险的。
2. 因个人过失致发生营销风险,但情节轻微的。
3. 未按规定的周期开展营销风险排查和识别的。
4. 无故不参加公司安排的风险培训课程的。
5. 不认真执行营销风险应对计划的。

第13条 记过并罚款

有以下行为发生的,记过同时每次扣发×××～×××元的罚款。

1. 未及时发现、控制以及应对重大营销风险的。
2. 对存在的营销风险隐瞒不报的。
3. 未采取防范措施或监控、治理不认真的。

第14条 降级并罚款

有以下行为发生的,降级同时每次扣发×××～×××元的罚款。

1. 一年中记过____次者。
2. 泄露营销机密,造成公司重大经济损失的。
3. 不能对职责范围内的营销风险提出应对和解决措施的。

第 15 条　辞退

有以下行为发生的,进行辞退。
1. 因隐报、瞒报导致营销风险发生,造成财产重大损失的。
2. 重大过失或行为不当导致营销出现严重风险的。
3. 其他违反法律、法规或其他规章制度情节严重的。

第 4 章　实施奖惩程序

第 16 条　奖惩管理

结合互联网营销人员的工作表现和奖惩措施,对优秀、有能力的互联网营销人员进行经济或者行政奖励,对于工作马虎,没有管理能力、创新精神、敬业精神的互联网营销人员,进行经济处罚或者行政处罚,以激励员工的工作态度。

第 17 条　奖惩实施

1. 各部门结合员工实际的工作情况,填写"员工奖惩建议表",将名单提交互联网营销主管审核,审核通过后提交总经理审批。
2. 总经理审批"员工奖惩建议表"无误后,人力资源部门按照"员工奖惩建议表"进行奖惩。

第 18 条　申诉

若员工对惩罚持有异议,应以书面材料写明申诉理由,上报部门经理,审核后报人力资源部核实。

第 5 章　附则

第 19 条　编制单位

本制度由风险管理部负责编制、解释与修订。

第 20 条　生效时间

本制度自××××年××月××日起生效。

编制日期		审核日期		批准日期	
修改标记		修改处数		修改日期	

9.2.4　掌握风险防控方案的评估方法

根据营销风险的应对措施及应对计划,要制定风险防控方案,此方案的主要内容是如何应对营销风险。方案确定后要评估方案是否是应对风险的最适合方案,执行此方案是否会产生新的风险以及方案的执行难度、间接影响和预算情况等。

常用的风险防控方案的评估方法有以下两种,具体如表 9-6 所示。

表 9-6 风险防控方案评估方法表

方法名称	应用示例
模型评估法	◆ 使用 CORAS 模型来评估风险防控方案,从风险管理角度,运用科学方法和手段分析风险防控方案是否能解决潜在风险 ◆ CORAS 模型的优点:易于理解和交流,对风险防控方案的评估比较准确,能综合各种方法的优点
知识评估法	在进行风险评估时,公司可以采用知识评估法来评估风险防控方案,找出存在的问题和优化办法。知识评估法的操作步骤包括: ◆ 开展会议对方案进行讨论 ◆ 对风险防控方案中的实施措施和相关信息进行复查 ◆ 制作调查问卷,调查风险防控方案的可行性 ◆ 对互联网营销人员进行访谈

参考文献

[1] 孙宗虎，孙兆刚.电商运营管理流程设计与工作标准：流程设计 执行程序 工作标准 考核指标.北京：人民邮电出版社，2021.

[2] 沈莲娜，李作学.员工关系管理实训实战实务.北京：人民邮电出版社，2015.

[3] 程淑丽.市场营销精细化管理全案.北京：人民邮电出版社，2015.

[4] 中华人民共和国人力资源和社会保障部.互联网营销师国家职业技能标准.2021.